Die Kugelfische des Süß- und Brackwassers

Dr. Klaus Ebert

Wir danken den nachfolgend aufgelisteten Spezialisten, Firmen, Züchtern und Aquarianern für die freundliche Überlassung ihrer Dias und für ihre Beratung, auch denen, die wir eventuell zu erwähnen vergessen haben.

G. Allen	H.Bader
D. Bork	K. Ebert
M. Kottelat	R. Kuiter
H. J. Mayland	B. Migge
H. Moosleitner	H. Morche
H. Nakano	S. Nakano
J. Pinhard	J. Randall
H. J. Richter	F. Schäfer
E. Schraml	L. Seegers
H. H. Tan	F. Teigler

Tokai University Press

Aquarium Glaser GmbH,
die uns von ihren wöchentlichen Importen immer fotogene Tiere zur Verfügung stellen.

amtra - Aquaristik GmbH,
für die zur Verfügung gestellten Fotobecken und Hilfsmittel zum Testen.

Tierärztliche Beratung:
Dr. med. vet. Markus Biffar,
Fachtierarzt für Fische

Haftung:
Alle Angaben in diesem Buch sind nach bestem Wissen und Gewissen niedergeschrieben.
Für eventuelle Fehler schließen die Autoren und der Verlag jegliche Haftung aus.
Mit dem Erwerb dieses Buches erkennt der Eigentümer diesen Haftungsausschluß ausdrücklich an.
Alle Rechte vorbehalten, Reproduktion, Speicherung in Datenverarbeitungsanlagen, Wiedergabe auf elektronischen, fotomechanischen oder ähnlichen Wegen, Funk und Vortrag – auch auszugsweise – nur mit ausdrücklicher Genehmigung des Verlages.
Weitere nützliche Tips und Pflegehinweise finden Sie immer in der alle sechs Wochen neu erscheinenden ersten und einzigen internationalen Zeitung für Aquarianer AQUALOGnews. Auch werden immer die neuesten Zuchtberichte darin veröffentlicht. Sie erscheint sowohl in deutscher wie auch in englischer Sprache. Sie erhalten die AQUALOGnews im guten Zoofachhandel oder im Abonnement direkt vom Verlag. Fordern Sie ein kostenloses Probeexemplar an.

Die Deutsche Bibliothek - CIP-Einheitsaufnahme
Kugelfische des Süß- und Brackwassers / Klaus Ebert
Mörfelden-Walldorf: A.C.S., 2001
(Aqualog)

ISBN 3-931702-61-8

© **Copyright by:**   **AQUALOG** Verlag GmbH
Rothwiesenring 5
D-64546 Mörfelden-Walldorf
Germany

Texte und fachliche Bearbeitung:
Dr. Klaus Ebert

Redaktion:
Dipl. Biol. Frank Schäfer
Lektorat:
Monika Schäfer, MA
Titelgestaltung:
AQUALOG Verlag
Druck, Satz, Verarbeitung:
Lithos: AQUALOG Verlag GmbH
Layout: Bettina Kirsch/AQUALOG Verlag GmbH
Druck: Societäts-Druck, Mörfelder-Walldorf
Gedruckt auf Euro Art glänzend,
100% chlorfrei, umweltfreundlich.

Redaktionsanschrift:
AQUALOG Verlag GmbH
Liebigstraße 1
D-63110 Rodgau
Telefon: +49 (0) 6106 – 69 01 40
Fax: +49 (0) 6106 – 64 46 92

e-mail: acs@aqualog.de
http://www.aqualog.de

PRINTED IN GERMANY

Cover Photos:
Front Cover: Takifugu ocellatus (photo: S. Nakano/Archiv A.C.S.), Tetraodon fluviatilis (photo: F. Teigler/Archiv A.C.S.), Carinotetraodon cf. travancoricus (photo: D. Bork)
Back Cover: Tetraodon mbu (photo: H. J. Richter/Archiv A.C.S.), T. nigroviridis (photo: F. Teigler/Archiv A.C.S.), T. miurus (photo: F. Schäfer), Auriglobus silus (photo: H. J. Richter/Archiv A.C.S.), Carinotetraodon salivator (photo: S. Nakano)

Inhalt

Arothron stellatus

photo: K. Ebert

Vorwort

Seit der Kindheit bin ich biologisch interessiert. Neben der Beobachtung der heimischen Fauna wurde auch bald durch die Aquaristik mein Interesse für tropische Tiere geweckt. Meine Aquarianerkarriere begann als achtjähriger Junge und hält, nur zeitweise durch das Studium unterbrochen, bis heute an.

Als ich 1950 zum ersten Mal im Aquarium des Berliner Zoos vor einem mit grünen Kugelfischen besetzten Becken stand, faszinierten mich diese absonderlichen Fische so stark, dass sie zum Mittelpunkt meines aquaristischen Interesses wurden.

Dankenswerterweise wurde meine spezielle Vorliebe für Kugelfische durch Beschaffung seltener Arten von hier ansässigen Importeuren (Herrn Glaser und seinen Mitarbeitern – Aquarium Glaser, Rodgau, Frau Grom – Tagisaquarium Dreieich und Herrn Schmidt – ehemals Tropicarium Frankfurt) unterstützt.

Bei Reisen nach West- und Ostafrika, Mittelamerika, Süd- und Südostasien sowie Papua-Neuguinea stand immer naturkundliches Interesse im Mittepunkt. Als begeisterter Seewasseraquarianer war auch die Ausübung des Tauchsportes biologisch motiviert.

Grüne Kugelfische: oben Tetraodon nigroviridis, *unten* T. fluviatilis. *photos: F. Schäfer (oben), K. Ebert (unten)*

Ich hoffe, mit dieser Publikation, die die Erfahrung von 45 Jahren Kugelfischhaltung beinhaltet, interessierten Aquarianern nützliche Pflegehinweise zu geben.

Alle 75 bisher im Süß- und Brackwasser nachgewiesenen Kugelfischarten sind aufgeführt und abgebildet; davon werden 29 Arten, über die eigene Pflegeerfahrungen vorliegen, eingehender besprochen.

Die im Folgenden gemachten Angaben über das Verhalten der Kugelfische beziehen sich auf Pflegebeobachtungen jeweils größerer Stückzahlen der einzelnen Arten. Bei späteren Wiederimporten wurden die Beobachtungsergebnisse durch erneute Anschaffung und Pflege der Tiere gefestigt.

Dem Verlag A.C.S. und besonders dessen Redakteur Herrn Diplombiologen Frank Schäfer danke ich für die freundliche Zusammenarbeit, die kompetente fachliche Beratung und die Anfertigung und Beschaffung des umfangreichen Bildmaterials.

Rodgau, im Juni 2001

Dr. med. Klaus Ebert

Von den ca. 150 bisher bekannten Kugelfischarten können 36 als Süß- oder Brackwasserformen bezeichnet werden. Daneben gibt es 39 Meerwasserkugelfischarten, die auch in Brackwasserregionen und zum Teil als Jungtiere in Süßwasserbereiche eindringen. In den letzten Jahren erfolgten mehrere Neubeschreibungen von Süßwasserkugelfischen (allein zwei Arten im Jahr 1999), so dass auch in Zukunft mit weiteren Neuentdeckungen zu rechnen ist.

Kugelfische sind weltweit in tropischen Gebieten verbreitet. Nur wenige Arten besiedeln die gemäßigte Zone; in kalten Gewässern fehlen sie ganz.

Carinotetraodon travancoricus *ist die kleinste Kugelfischart.*   photo: E. Schraml

Bei den Kugelfischen gibt es Zwerg- (z. B. *Carinotetraodon travancoricus*, der ca. zwei Zentimeter groß wird) und Riesenformen (z. B. *Arothron stellatus*, der 1,20 Meter groß wird). Unter den Süßwasserarten erreicht *Tetraodon mbu* mit 70 cm die stattlichste Größe.

Die meisten Kugelfischarten leben in Küstennähe, es gibt aber auch Hochsee- und Tiefseeformen. Nur 30 der bisher bekannten Kugelfischarten leben ausschließlich im Süßwasser.

Für den Menschen sind Kugelfische harmlos, solange sie nicht bedrängt und damit gezwungen werden, von ihrem kräftigen Gebiss Gebrauch zu machen. Nur von einer ca. 40 cm groß werdenden im Südpazifik und vor der nordwestaustralischen Küste lebenden Art (*Feroxodon multistriatus*) liegen Berichte vor, nach denen nicht provozierte Angriffe auf Menschen erfolgten und einer Schwimmerin drei Zehen abgebissen wurden.

Ganz anders verhält es sich, wenn Kugelfische gegessen werden. Viele Arten enthalten ein stark wirksames Gift, das bei Genuss zum Tode führen kann. In der Karibik wird Kugelfischfleisch zur Vergiftung von Katzen und Hunden verwendet. BLOCH schrieb bereits 1785 über den Verzehr in China und Japan: „[Kugelfischfleisch] ... wählen sich gewöhnlich die zur Speise, welche ihres Lebens überdrüssig sind".

In Japan wird Kugelfischfleisch als Delikatesse (Fugu) angesehen. Da auch Kochen das Gift nicht zerstört, darf die Auswahl und Zubereitung dieses Fleisches nur von Köchen mit einer Spezialausbildung durchgeführt werden. Die überwiegende Zahl der Kugelfischvergiftungen endet tödlich. In der deutschen Kriminalgeschichte ist ein Mordversuch durch Verabreichung einer giftigen Kugelfischmahlzeit bekannt.

In Bengalen gab es bis in die 1980er Jahre immer wieder Todesfälle durch den Verzehr von *Tetraodon cutcutia* (in der Landessprache Tepa genannt). Dort gilt der Fisch allerdings nicht als Delikatesse, sondern wurde aus schierer Not heraus von armen Bevölkerungsschichten gegessen. Heute besteht ein von der Indischen Regierung erlassenes Vermarktungsverbot für diesen Fisch.

Bei diesem Gift handelt es sich um eine hochgradig toxische Substanz, das Tetradotoxin.

Die größte Art ist Arothron stellatus.   photo: K. Ebert

Isoliertes Tetradotoxin wirkt bei intravenöser Gabe in einer Menge von weniger als einem Milligramm tödlich. Die Giftwirkung, die kurz nach dem Verzehr einsetzt, beruht auf einer fortschreitenden Lähmung durch Blockade der Erregungsleitung der Nerven und endet in Erstickung durch Atemstillstand. Der ganze Prozess wird vom Betroffenen bei vollem

Bewusstsein ohne die Möglichkeit einer Artikulation wahrgenommen. Bisher gibt es kein Mittel, das die Giftwirkung aufhebt. Wird der Patient jedoch künstlich beatmet, ist innerhalb von 24 Stunden mit einer Rückbildung der Symptome ohne Hinterlassung von Spätschäden zu rechnen.

Tetradotoxin wird bei Meereskugelfischen in besonders hoher Konzentration in der Leber und den Eierstöcken gefunden. Die Muskulatur ist nur schwach toxinhaltig, wodurch sich die bei der Kugelfischmahlzeit erwünschten leichten Vergiftungserscheinungen (Sensibilitätsveränderungen der Mundschleimhaut und leichte Euphorisierung) erklären lassen. Zur Synthese des Giftes sind Bakterien (z. B. *Pseudomonas*) notwendig, die vom Kugelfisch aufgenommen werden müssen. Unter Laborbedingungen erbrütete und aufgezogene Kugelfische sind nicht giftig; werden sie jedoch in ihr natürliches Umfeld gebracht, erlangen sie dieselbe Giftigkeit wie Tiere der gleichen Art, die unter natürlichen Verhältnissen aufwuchsen. Die Giftigkeit der Kugelfische ist saisonal und lokal unterschiedlich. Kugelfische selbst sind gegen das Gift resistent.

Tetradotoxin kommt auch bei anderen Tieren vor. So handelt es sich zum Beispiel bei dem gefürchtetem Gift im Speichel des Blaugeringelten Oktopus *(Hapalochlaena* spp.) um diese Substanz.

Erstaunlich ist, dass Süßwasserkugelfische, die die höchste Giftkonzentration in der Haut und nicht in den inneren Organen aufweisen, ein anderes Toxin als die Meeresbewohner enthalten. Es handelt sich um Saxitoxin, eine Substanz, deren Wirkung Tetradotoxin entspricht und die ebenfalls durch Bakterien gebildet wird. Sie gelangt über Algen in Muscheln und wird auf dem Nahrungsweg den Kugelfischen zugeführt. Nicht alle Kugelfische sind giftig. Einige Arten werden ohne besondere Vorsichtsmaßnahmen gegessen.

Kugelfische besitzen keine Bauchflossen. Der Antrieb erfolgt über die sich propellerartig bewegenden weichstrahligen Brust- Rücken- und Afterflossen, während die Schwanzflosse der Steuerung dient. Nur bei der Flucht wird auch die Schwanzflosse zur schnellen Fortbewegung eingesetzt. Durch unterschiedliche Betätigung der einzelnen Flossen entsteht eine erstaunliche Manövrierfähigkeit, die auch Rückwärtsschwimmen erlaubt.

Die lederartige, derbe Haut ist schuppenlos und sehr dehnbar. Beim Aufblasen richten sich vorher in der Haut verborgene kleine Stacheln auf. Das Aufrichten der Stacheln erfolgt durch eine nur bei Kugelfischen nachweisbare Hautmuskulatur. Während des Aufblasens werden oft quakende Geräusche durch Aneinanderreiben der Zähne erzeugt. Das Aufblasen erfolgt mit erstaunlich großer Kraft (deutlich wahrzunehmen, wenn man einen Kugelfisch sich in der geschlossenen Hand aufblasen läßt). Durch das Aufblasen wird dem Fressfeind das Schlucken der Beute verwehrt. Dadurch wurde schon der Tod des Feindes und des Opfers bewirkt, wie tote Muränen mit einem aufgeblasenem Kugelfisch im Maul beweisen.

Der Vorgang des Aufblasens erfolgt ruckartig durch Verschlucken von Luft oder Wasser in eine dünnwandige, bauchwärts gelegene Ausstülpung des Magens. Erleichtert wird die ballonartige Auftreibung des Körpers durch das Fehlen der Rippen und der Beckenknochen und durch eine gute Biegsamkeit der Wirbelsäule. Das vorzeitige Entweichen der Luft oder des Wassers wird durch einen Schließmuskel am Mageneingang und eine Ventilklappe am Magenausgang verhindert. Durch Entspannung des Schließmuskels und Kontraktion der Bauchmuskulatur werden Luft und Wasser unter Entwicklung zischender Laute wieder abgegeben.

Die Form der Kugelfischkörper ist rund oder keulenförmig und nur bei einigen wenigen Arten langgestreckt und schlank. Die Kiemenöffnungen sind eng und liegen vor den Brustflossen.

Die großen Augen stehen weit auseinander und sind unabhängig voneinander beweglich. Die Riechorgane sind lappenförmig an der Kopfoberfläche ausgebildet und sind wegen ihres unterschiedlichen Aussehens ein wichtiges Indiz bei der Artbestimmung. Die Anordnung außerhalb des Körpers lässt sich möglicherweise als Folge einer Verdrängung des Sinnesorgans durch die sehr stark entwickelte Kiefermuskulatur erklären.

Die Kugelfische besitzen ein sehr kräftiges Gebiss, das zur Bewältigung ihrer Hauptnahrung (Schnecken, Muscheln und Krebsen) notwendig ist. Die Zähne sind zu vier Zahnleisten verschmolzen (Tetraodontidae von tetra = vier und odon = Zahn) und sind meist gut sichtbar hinter den wulstigen Lippen zu erkennen.

Gut ist bei diesem Arothron manilensis *die Gebissstruktur zu erkennen.*   photo: K. Ebert

Unter der Bezeichnung „Süßwasserkugelfische" wird im Handel eine Vielzahl an Kugelfischarten angeboten, die es dem Aquarianer schwer macht, die richtige Auswahl zu treffen. Wegen der unterschiedlichen Ansprüche und Verhaltensweisen der einzelnen Arten ist es kaum möglich, generelle Pflegehinweise zu geben.

Der Ursprung der Kugelfische liegt im Meer. Dementsprechend zeigen auch die reinen Süßwasserarten eine große Toleranz gegenüber dem Salzgehalt des Wassers, ein Umstand, den man sich bei Auftreten von Krankheiten zu Nutze machen kann. Bei Verpilzungen oder Ektoparasitenbefall kann man die Fische für einen oder mehrere Tage von Süßwasser in Brackwasser ($^1/_4$ Seewasser – $^3/_4$ Süßwasser) überführen, ohne dass mit ernsten Schäden zu rechnen ist.

links: Ein Auriglobus silus *mit deutlich zu langen Zähnen.* photo: K. Ebert
rechts: Ein Colomesus asellus *mit extrem langen Zähnen.* photo: H. J. Richter

Alle Kugelfische haben ein kräftiges Gebiss, mit dem sie normalerweise hartschalige Nahrung bewältigen.

Dieses Gebiss stellt aber auch eine Gefahr für die anderen Mitbewohner des Aquariums dar. Was die Gefährdung der Aquariummitbewohner anbelangt, gibt es bei den Kugelfischen individuelle und vor allen Dingen artspezifische Unterschiede. Bei der Anschaffung der Kugelfische ist dieser Umstand unbedingt zu beachten, denn es gibt unter den Süßwasserarten äußerst bissige Tiere, die nur eine Einzelhaltung zulassen (z. B. *Tetraodon lineatus*). Auch die weniger bissigen Arten zeigen oft eine unangenehme Eigenschaft: Sie beißen anderen Fischen Teile der Flossen ab und können auf diese Weise innerhalb weniger Tage den gesamten Fischbestand des Aquariums verunstalten. Es gibt Arten, die fast immer durch Flossenbeißerei auffallen (z. B. *Chelonodon patoca*) und andere Arten, bei denen nur einzelne Individuen diese unangenehme Eigenschaft entwickeln (z. B. *Carinotetraodon*-Arten und asiatische Brackwasserkugelfische) und Arten, bei denen diese Eigenschaft kaum in Erscheinung tritt (z. B. afrikanische und südamerikanische Süßwasserkugelfischarten). Dabei ist es interessant, dass bei der Anschaffung der Tiere oft noch nichts von der Neigung, Flossen zu beschädigen, zu erkennen ist. Erst nach einer gewissen Zeit der Pflege entwickelt sich diese unangenehme Eigenschaft, die es dann notwendig macht, die beißenden Tiere aus dem Aquarium zu entfernen. Eine Entwöhnung ist kaum möglich. Selbst vorübergehende Einzelhaltung oder Abtrennung durch eine Glasscheibe hat meist keinen Erfolg.

Das Kugelfischgebiss zeigt eine weitere Besonderheit: Die Abnutzung der Zähne wird durch ständige Neubildung von Zahngewebe ausgeglichen. Es kommt immer wieder vor, dass Teile der Zähne beim Zubeißen (z. B. in Steine) abbrechen. Die verlorengegangenen Teile werden in kurzer Zeit neu gebildet. Gelegentlich kann bei ungenügender Abnutzung der Zähne ein ungehemmtes Wachstum auftreten, wodurch das betroffe-

ne Tier keine Nahrung mehr aufnehmen kann, weil die zu groß gewordenen Zähne das Maul versperren (besonders häufig bei *Auriglobus*-Arten). In diesem Fall ist mit einer Nagelzange leicht Abhilfe zu schaffen. Man wickelt den herausgefangenen Fisch zur besseren Fixierung in ein feuchtes Tuch und knipst mit der Zange die zu lang gewordenen Zähne ab (Vorsicht: Brille tragen, denn die abspringenden scharfkantigen Zahnsplitter können die Augen verletzen). Diese Maßnahme ist wegen des schnellen Wachstums der Zähne im Abstand von einigen Monaten erneut notwendig.

Eine weitere Kugelfischbesonderheit ist die bereits erwähnte Fähigkeit, sich aufzublasen. Da das Aufblasen eine Verteidigungsmaßnahme ist und das Herausfangen der Fische aus dem Aquarium als Gefahr empfunden wird, findet es in solchen Fällen besonders häufig statt. Da der Vorgang des Aufblasens oft vor der Entnahme aus dem Wasser noch nicht vollständig abgeschlossen ist, wird auch Luft aufgenommen, die in den meisten Fällen nach Rückführung in das Aquarium problemlos wieder abgegeben werden kann. In manchen Fällen (besonders bei geschwächten Tieren) kann Luft im Magen des Fisches verbleiben, wodurch bei Versäumen entsprechender Gegenmaßnahmen Schädigungen oder Verluste eintreten können. Der betroffene Fisch bemüht sich ständig nach unten zu schwimmen, wodurch es zur Ansammlung der Luft im hinteren Körperbereich kommt. Irgendwann erlahmt die Kraft des Tieres, was dazu führt, dass der luftgefüllte Körperteil durch den Auftrieb aus dem Wasser herausragt. Innerhalb von Stunden trocknet der über den Wasserspiegel ragende Hautbereich aus. Durch Infektion der geschädigten Haut entstehen Defekte, die letztendlich sogar zum Tod des Tieres führen können. Dem kann man vorbeugen, indem man den mit der Luftblase gepeinigten Fisch in die Hand nimmt und im Wasser so dreht, dass der Kopf nach oben zeigt. Dann streicht man mit einem Finger über den Bauch des Fisches und veranlasst auf diese Weise ein erneutes Aufblasen im Wasser. Dann wartet man so lange, bis der Fisch das Wasser wieder abgibt.

Durch die Aufwärtshaltung des Kopfes wird zuerst die Luft, dann das Wasser abgegeben, wodurch die beschriebenen Folgen des Auftriebes vermieden werden. Da der Fisch das Festhalten als Gefahr empfindet, kann es mitunter Minuten dauern, bis die aufgenommene Luft und das Wasser wieder abgegeben werden, so dass man Geduld haben muss. Bei größeren Kugelfischen (die Gefahr der verzögerten Luftabgabe entsteht vorzugsweise bei größeren Tieren) ist unbedingt an das kräftige Gebiss zu denken. Am besten umfasst man den Fisch seitlich, so dass der Kopf zwischen Daumen und Zeigefinger herausragt. Da der Fisch nach der Wasserabgabe nach vorn zu entkommen versucht, ist die Gefahr einer Bissverletzung nicht allzu groß.

bevorzugten Aufenthaltsort die Bodenfläche des Aquariums vor der Sichtscheibe ausgewählt. Wenn man sich mit dem Finger von außen der Sichtscheibe näherte, schloss der Kugelfisch ein oder beide Augen und veränderte seine Kopfhaut in der Weise, dass kleine Falten entstanden.

Bei Betrachten der Beute oder kurz vor dem Zubeißen werden oft die Lippen gespitzt. Bei Aufnahme einer nicht sehr begehrten Nahrung werden die Lippen zurückgezogen und die Zähne entblößt. In diesem Fall wird die Nahrung nicht sofort verschlungen sondern mehrfach durchgekaut. Durch den wiederholten Kauvorgang und der damit verbundenen Zerkleinerung des Futterbrockens werden ständig Futterpartikel freigesetzt, die von anderen Fischen gern gefressen werden.

Ein Arothron immaculatus *mit Bisswunden, zugefügt von einem Artgenossen. Die Wunden zeigen ein typisches, ringförmiges Aussehen.*

Kugelfische blasen sich oft spontan auf. Wahrscheinlich handelt es sich dabei um eine Art Training. Besonders bei großen Tieren ist diese Erscheinung sehr beeindruckend. Aufblasen erfolgt gelegentlich auch bei Balz- (*Tetraodon cochinchinensis*) und Imponierverhalten (*T. suvattii*). Andere Arten flachen beim Imponieren ihren Körper ab (*T. palembangensis*) oder bilden einen Bauch- und Rückenkamm (*Carinotetraodon*-Arten).

Die Kammbildung wird durch die bei Kugelfischen vorhandene Hautmuskulatur bewerkstelligt. Durch diese Hautmuskulatur sind Kugelfische auch in der Lage, bei Verletzungen oder Parasitenbefall Veränderungen der betroffenen Hautareale herbeizuführen. So können zum Beispiel Wunden durch Kontraktion der umgebenden Muskulatur verkleinert werden. Bei Parasitenbefall werden oft Formveränderungen der Haut als Abwehrreaktionen durchgeführt. Auch die Augen können ringförmig verschlossen werden.

Bei Kontraktion der Kopfhautmuskulatur kann sogar der Eindruck einer „mimischen Ausdrucksweise" entstehen. Ein von mir gepflegter ausgewachsener *Tetraodon miurus* hatte sich als

Dieses Verhalten kann im Extremfall zu einem erheblichen Nahrungsdefizit des betroffenen Kugelfisches führen und Einzelfütterung erforderlich machen.

Neben den verträglichen Kugelfischarten, die weder innerartliche Aggression zeigen, noch eine Gefahr für artfremde Fische darstellen (z. B. *Colomesus asellus*), gibt es Arten, die sowohl Aquarieninsassen der eigenen Art als auch Angehörige anderer Fischarten durch ihre Unverträglichkeit gefährden. Bei innerartlicher Aggressivität kann man die Haltung mehrerer Tiere durch Schaffung von Verstecken oder durch Einfügen von Trennscheiben ermöglichen. Ortstreue, wenig schwimmfreudige Arten (z.B. *Tetraodon cutcutia, T. cochinchinensis, T. suvattii* und *T. palembangensis*) bringt man am besten in einem dicht bepflanzten und mit vielen Holzstücken ausgestattetem Becken unter. Nach Einsetzen der Fische werden von den einzelnen Individuen die vorhandenen Höhlen besetzt und bleiben in den meisten Fällen ständiger Aufenthaltsort. Die Standplätze werden fast immer nur während der Fütterung und der Balz verlassen. Sollten die vorhandenen Höhlen nicht ausreichen, dann hängen überzählige Fische (meist durch Bisse verletzt) in den oberen Aquarienecken. Sie müssen entfernt werden, denn eine spätere Integration ist nicht zu erwarten. Ebenso können nach Ausbildung der Reviergrenzen keine neuen Tiere eingebracht werden.

Schwimmfreudige aggressive Kugelfischarten (z.B. *Tetraodon lineatus*) müssen durch Glasscheiben voneinander getrennt untergebracht werden. Es ist erstaunlich, mit welcher Wucht die aggressiven Tiere bei gegenseitigem Ansichtigwerden aufeinander zuschwimmen und auf die Trennscheibe auftreffen. Da zuerst die Zähne auf die Glasscheibe schlagen, hört man bei großen Tieren einen deutlichen Knall. Man kann sich gut vorstellen, welche Verletzungen ein solcher Angriff ohne Trennscheibe hinterlassen würde.

Vergesellschaftung der ortstreuen Kugelfischarten mit Angehörigen anderer Fischarten ist dann möglich, wenn man Arten auswählt, die sich reaktionsschnell verhalten und den oberen Aquarienbereich besiedeln (z.B. größere Salmler). Außerdem eignen sich *Ancistrus*-Arten, die geschickt Angriffen der Kugelfische aus dem Weg zu gehen wissen und sich als Algen- und Futterrestevertilger nützlich machen.

Die Ernährung der Kugelfische stellt im Allgemeinen kein größeres Problem dar. Sollte einmal ein Tier in der Eingewöhnungsphase die Futterannahme verweigern, dann sollten Schnecken (Wasser- oder Salatschnecken) oder zerteilte Regenwürmer (Tauwürmer) angeboten werden. Die ständigen Bewegungen der Regenwurmstücke erregen oft nach kurzer Zeit die Aufmerksamkeit der hungrigen Tiere. Ein gutes Futter für kleinere Kugelfische sind Mückenlarven.

Das ideale Futter für alle Kugelfischarten ist jedoch Miesmuschelfleisch. Es läßt sich leicht beschaffen, ist im tiefgefrorenem Zustand immer verfügbar, ist sehr nährstoffreich (im Mageninhalt der Muscheln befinden sich auch pflanzliche Anteile) und wird immer gern gefressen, zumindest nach einer kurzen Gewöhnungszeit. Selbst auf Fischnahrung spezialisierte Kugelfische (z.B. *Tetraodon miurus*) nehmen Muschelfleisch an.

Zur Fütterung größerer Kugelfische eignen sich auch Garnelen („Nordseekrabben"). Problematisch ist meist nicht die Verweigerung der Futterannahme sondern die Neigung der Kugelfische, sich zu überfressen. Es ist erstaunlich, welche Futtermassen die Tiere aufzunehmen in der Lage sind. Leider sind solche Fressorgien gelegentlich die Ursache von Verlusten, denn die Fische haben bedingt durch die Stoffwechselsteigerung während der Verdauung einen wesentlich erhöhten Sauerstoffbedarf, wodurch es bei Überbesetzung des Beckens oder unzureichender Belüftung, verbunden mit hoher Wassertemperatur zum Ersticken der überfressenen Fische kommen kann. Deswegen sollte nach der Fütterung immer darauf geachtet werden, dass die Belüftung gut funktioniert. Gelegentlich wird das zu

viel aufgenommene Futter wieder erbrochen. Besonders in stark bepflanzten Becken kann dies übersehen werden und es kann als Folge der sich daraus entwickelnden Fäulnis eine erhebliche Verschlechterung der Wasserqualität eintreten.

Die Aufnahme großer Futtermengen macht eine tägliche Fütterung überflüssig. Kleine Kugelfische sollten jeden zweiten Tag gefüttert werden, bei größeren Arten sollte bei schwimmfreudigen agilen Fischen zweimal wöchentlich und bei weniger beweglichen Arten einmal wöchentlich Futter gereicht werden.

Bedingt durch die Fressgier kann es bei der Fütterung zu Verletzungen kommen. Besonders bei Kugelfischen mit kräftigen Gebissen (z.B. *Tetraodon cochinchinensis* und *T. suvattii*) können erhebliche Bisswunden entstehen, die aber erfreulicherweise schnell und komplikationslos wieder abheilen. Man kann Verletzungen vermeiden, indem man die Tiere einzeln füttert. Nach einer gewissen Zeit lernen die Tiere ihren Pfleger und besonders den Futternapf kennen. Die Kugelfische beobachten meist aus ihrem Versteck heraus das Geschehen außerhalb des Aquariums. Sobald man sich mit der Schale, die das Muschelfleisch enthält, dem Aquarium nähert, verlassen sie in Erwartung der Fütterung ihre Höhlen und versammeln sich an der Frontscheibe.

Um eine Einzelfütterung zu ermöglichen, isoliert man das zu fütternde Tier durch Abdrängen der übrigen Beckeninsassen mit Hilfe eines Holzstückes oder Bambusstabes und reicht gezielt eine auf ein Stöckchen aufgespießte Muschel. Auf diese Weise ist eine genaue Dosierung der Futtermenge und die Gewährleistung einer ausreichenden Versorgung zurückhaltenderer Exemplare möglich. Diese Art der Fütterung ist natürlich erst nach einer gewissen Zeit der Eingewöhnung durchführbar, aber die Erfahrung hat gezeigt, dass Kugelfische sehr lernfähig sind und nach einer Gewöhnungszeit von ca. drei Wochen dieses Vorgehen bei der Fütterung akzeptieren.

Besonders bei den größeren Kugelfischen fällt eine erstaunlich schnelle Anpassungsfähigkeit an ihre neue Umgebung auf. Sie

Gut geeignet zur Vergesellschaftung mit Kugelfischen: Ancistrus*-Arten. Sie dürfen allerdings nicht in Brackwasserbecken gesetzt werden!*   photo: Archiv A.C.S.

Brackwassergebiet in Indonesien. Das Wasser ist dort stark organisch belastet und nährstoffreich. Viele Meeres- und auch Süßwasserfischarten leben hier vor allem als Jungfische und nutzen das hohe Nährstoffangebot. Auch Kugelfische werden in solchen Gewässern regelmäßig angetroffen. photo: F. Schäfer

begreifen schnell die Besonderheiten, die sich aus der Abhängigkeit von ihrem Pfleger ergeben. Sie entwickeln Interesse an Vorgängen außerhalb des Aquariums und lernen, wie schon erwähnt, durch Erkennen der Fütterungsutensilien den Zeitpunkt ihrer Fütterung kennen. Ihre Zutraulichkeit und ihr interessiertes Blicken mit den unabhängig voneinander beweglichen Augen machen sie zu Lieblingen auch der Personen, die sich normalerweise nicht für die Aquaristik interessieren.

Bemerkenswert ist die Tatsache, dass Kugelfische derselben Art oft eine unterschiedliche Verhaltensweise zeigen. Es gibt Individuen, die sich unerschrocken und aggressiv verhalten; demgegenüber können Tiere derselben Art auffällig ängstlich sein. Dieses Verhalten ist mir besonders bei *Tetraodon mbu* aufgefallen. Seit 30 Jahren habe ich mehrere Exemplare dieser Art gehalten und dabei die unterschiedlichsten Erfahrungen gemacht. Ich habe jahrelang zwei etwa gleichgroße Tiere dieser Art in einem Becken gemeinsam gehalten, ohne dass sich eine artspezifische Aggression entwickelt hätte. Dagegen pflegte ich Tiere, die wegen ihrer Unverträglichkeit getrennt werden mussten. Ähnlich verhält es sich bei der Vergesellschaftung mit anderen Fischarten. Viele Jahre pflegte ich einen zuletzt ca. 35 cm großen *T. mbu* gemeinsam mit ausgesprochen langsamen Fischen (Flösselaale, Flösselhechte, Nilhechte, Welse und Hechtsalmler) gemeinsam in einem Becken, ohne dass irgendwann ein Mitbewohner von dem Kugelfisch belästigt worden wäre. Andererseits hielt ich ein etwa gleichgroßes Exemplar derselben Art in Gesellschaft größerer Cichliden. Dabei kam es immer wieder zu Verletzungen bei den Buntbarschen durch Bisse in den Nacken und die Rückenflosse.

Erfahrungsgemäß sind Tiere, die sich bei der Eingewöhnung schreckhaft verhalten und anfänglich bei der Futterannahme Schwierigkeiten bereiten, eher für ein Gesellschaftsaquarium geeignet als die agilen, sofort fressbereiten Individuen. Bei der Auswahl des anzuschaffenden Fisches kann man sich durch Anbieten eines Regenwurmstückes ein Bild über die Verhaltensweise des Tieres machen. Tiere, die sich schreckhaft verhalten und erst nach längerem Zögern zubeißen, sind besser für die Vergesellschaftung geeignet als Tiere, die sich sofort auf

Der sich an die links abgebildete Brackwasserzone anschließende Meeresbereich. Fische des Brackwassers müssen in der Natur mit starken Schwankungen des Salzgehaltes zurechtkommen. photo: F. Schäfer

rienbewohner noch keine Veränderungen erkennen lassen. Alarmzeichen sind Aktivitätsverlust (die Tiere hängen oft mit seitlich angelegter Schwanzflosse schmutzig verfärbt im Wasser) und Einsinken der Augen in die Augenhöhlen. Wenn nicht schnell eine Verbesserung der Wasserqualität (Wasserwechsel und Salzzusatz) erfolgt, sterben die Tiere innerhalb weniger Tage. Diese Anfälligkeit erklärt die relative Kurzlebigkeit der Brackwasserkugelfische im Süßwasser. Erstaunlicherweise vertragen dieselben Kugelfischarten im Seewasser eine extrem hohe Nitratbelastung ohne Anzeichen einer Störung.

Es ist festzustellen, dass sich Brackwasserkugelfische im Süßwasser als recht empfindliche Pfleglinge erweisen, während sie im Brack- und Seewasser als ausgesprochen hart und ausdauernd bezeichnet werden können. Wenn man das Glück hat, Tiere zu bekommen, die schon in ihrem Herkunftsgebiet längere Zeit in reinem Süßwasser gelebt haben und man optimale Aquariumbedingungen bieten kann, dann ist auch bei Brackwasserkugelfischen Langlebigkeit im Süßwasser möglich. Bei mir erreichte ein *Tetraodon nigroviridis*, der in reinem Süßwasser gehalten wurde, ein Alter von knapp neun Jahren.

Von großer Bedeutung für eine erfolgreiche Haltung im Süßwasser sind die Bedingungen im Fanggebiet der Fische. Tiere aus der Mangrovenregion werden naturgemäß weniger gut im Süßwasseraquarium zu halten sein als solche, die aus mündungsfernen Bereichen der Flüsse stammen.

das Wurmstück stürzen (Voraussetzung ist natürlich, dass die Fische nicht bereits an dieses Futter gewöhnt worden sind).
Auf Grund des hohen Nahrungskonsums und der dadurch anfallenden Ausscheidungen kommt es schnell zu Verschlechterungen der Wasserqualität. Zeichen der Minderung der Wasserqualität sind (besonders bei den afrikanischen Süßwasserkugelfischarten) Trübungen der Augen, stippchenförmiger Pilzbefall der Haut und Einschränkung der Vitalität sowie Verringerung der Freßgier. In solchen Fällen bessert sich der Zustand der Tiere bald nach einem Wasserwechsel (50% des Beckeninhaltes). Es ist überhaupt ratsam, einen wöchentlichen Teilwasserwechsel vorzunehmen.

Generell kann man sagen, dass Süßwasserkugelfische aus Afrika empfindlicher sind und höhere Anforderungen an die Wasserqualität stellen als Süßwasserkugelfische aus Asien.

Brackwasserkugelfische zeigen bei Hälterung in reinem Süßwasser bei Qualitätsminderung des Wassers schon dann Anzeichen einer Befindlichkeitsstörung, wenn die anderen Aqua-

Der grüne Kugelfisch (*Tetraodon nigroviridis*) wird seit Jahrzehnten aus unterschiedlichsten Fanggebieten in großer Stückzahl importiert. Ich habe mir immer wieder Tiere beschafft und dabei festgestellt, dass die Haltbarkeit im Süßwasser unter etwa gleichen Hälterungsbedingungen sehr unterschiedlich war. Dieser Umstand läßt sich eigentlich nur durch unterschiedliche Lebensbedingungen und der sich daraus ergebenden unterschiedlichen Ansprüche erklären.

Reine Süßwasserkugelfischarten stellen keine besonderen Ansprüche an die „Chemie" des Wassers, sie geben sich mit den Wasserverhältnissen zufrieden, die man auch anderen Aquarienfischen herkömmlicher Art bietet.

Beabsichtigt man im Süßwasser angebotene Brackwasserkugelfische in Brack- oder Seewasser zu überführen, so ist eine vorsichtige Umgewöhnung erforderlich. Als günstigste Umgewöhnungszeit hat sich bei mir ein Zeitraum erwiesen, bei dem nach täglichem Salz- oder Seewasserzusatz die dem Meer entsprechende Dichte in einer Woche erreicht wird.

Das Aquarium für Kugelfische

Das Süßwasseraquarium

Die friedlichen, für eine gemeinsame Haltung mit anderen Fischen geeigneten, Kugelfischarten (*Carinotetraodon*-Arten, *Colomesus asellus, Tetraodon schoudeteni*) werden am besten in einem gut bepflanzten, mit Versteckmöglichkeiten ausgestatteten Gesellschaftsaquarium untergebracht.

Die kleineren bis mittelgroßen, nur im Artbecken zu haltenden Kugelfischarten (*Tetraodon cutcutia, T. cochinchinensis, T. palembangensis, T. suvattii*) benötigen auf Grund ihres territorialen Verhaltens und des geringen Bewegungsdranges nur wenig freien Raum zum Schwimmen. Viel wichtiger ist die Schaffung geeigneter Höhlen und Verstecke durch Einbringen von Holzstücken und dichter Bepflanzung.

Ein Tetraodon suvattii *in seiner Wurzelhöhle.* photo: K. Ebert

Steinaufbauten sind zu vermeiden, da die Tiere sich oft in enge Spalten drängen und bei einem möglichen Einsturz eingeklemmt werden könnten. Da sich einige Arten gern vergraben (*Tetraodon duboisi, T. miurus, T. suvattii*) sollte der Bodengrund aus lockerem Sand bestehen.

Die großen Süßwasserkugelfische (*Tetraodon lineatus, T. mbu*) zeigen zeitweise ein starkes Schwimmbedürfnis, weswegen sie in großen Aquarien mit viel Freiraum untergebracht werden sollten.

Das Brackwasseraquarium

Fast alle Brackwasserkugelfische sind schwimmfreudig und zeigen kaum territoriales Verhalten. Nur in Ausnahmefällen wird Deckung gesucht, entweder um sich auszuruhen oder um sich als verfolgter oder verletzter Fisch zu verstecken.

Um diesen Anforderungen gerecht zu werden, sollte das Aquarium über viel offenen Schwimmraum verfügen, der nur durch eine leicht zu umschwimmende Dekoration unterbrochen wird. Der Boden sollte aus lockerem Sand bestehen, da einige Arten das Bestreben haben, sich im Sand zu verbergen (*Chelonodon, Sphoeroides, Takifugu*).

Außerdem sollten Höhlen aus großen Muschelschalen oder Korallenbruch vorhanden sein.

Nach vorausgegangen Mißerfolgen mit organischem Dekorationsmaterial bin ich jetzt dazu übergegangen, nur noch kalkhaltiges Gestein oder Korallenbruch zur Ausstattung des Brackwasseraquariums zu verwenden. Im salzhaltigen Wasser findet nach meinen Erfahrungen der Zersetzungsprozess organischen Materials wesentlich schneller statt als im Süßwasser. Die Freisetzung der Gerbsäuren aus dem in Salzwasser eingebrachten Holz erfolgt sehr schnell. Oft zeigt das Brackwasser schon wenige Tage nach Einbringen der Holzdekoration eine intensiv braune Färbung. Dazu kommt eine gesteigerte Verrottungs- und Fäulnisbereitschaft, die sich leicht an dem fauligen Geruch des aus dem Aquarium entfernten Holzes erkennen läßt.

Auch das jetzt häufig im Fachhandel angebotene Mangrovenholz unterscheidet sich in den beschriebenen Eigenschaften kaum von anderen Holzarten. Da sich nach kurzer Zeit auf der Dekoration ein dichter Algenbelag bildet, ist später sowieso keine genaue Bestimmung des Dekorationsursprungs mehr möglich, so dass man sich die Illusion eines Mangrovenbiotops mit den für die Erhaltung stabiler Wasserverhältnisse günstigsten Materialien schaffen kann.

Vom Boden aufragende Kalkstein- oder Korallenstücke können den Eindruck von Mangrovenatemwurzeln erzeugen und mit Hilfe von Kunststoff lassen sich Gebilde schaffen, die an Mangrovenstützwurzeln erinnern.

Am häufigsten bildet sich ein grüner Schmieralgenbelag *(Cyanophyta),* der zwar nicht sehr schön aussieht, aber der der Vorstellung von einem Mangrovensumpf am nächsten kommt. Wenn man Glück hat, wächst ein flacher Fadenalgenbelag, der zwar wesentlich attraktiver aussieht, sich aber leider nicht gezielt kultivieren läßt.

Bei dem von mir bevorzugten Mischungsverhältnis (ein Viertel bis ein Drittel Seewasseranteil) gedeihen keine höheren Wasserpflanzen. Neuerdings werden junge Mangrovenpflanzen im Fachhandel angeboten, die auch gut anwachsen, aber leider sehr groß werden. Voraussetzung für deren Kultivierung ist ein hohes offenes Aquarium und viel Licht. Es müsste auch möglich sein, die Stützwurzeln der leicht zu beschaffenden Schraubenpalme *(Pandanus)* in das Aquarium einwachsen zu lassen.

Für mich als Seewasseraquarianer ist die Herstellung und Erneuerung des Brackwassers kein Problem. Bei Wasser-

Atemwurzeln der Mangrove, ein Biotopbild, wie es viele Brackwasseraquarianer nachzuahmen versuchen. photo: K. Ebert

und Flussmündungen eindringenden Kugelfischarten leben als junge und meist auch als ältere Tiere im Seegraswiesenbereich der Küsten. Dementsprechend sollte das Aquarium biotopgerecht mit viel Schwimmraum und einer Bodenbepflanzung ausgestattet sein.

Da sich Seegras im Aquarium kaum kultivieren lässt, verwendet man am besten Kriechsprossalgen (*Caulerpa prolifera* oder *C. taxifolia*), die meist in kurzer Zeit den aus Muschel- oder Korallenkies oder Sand bestehenden Bodengrund locker überwachsen und ruhenden Kugelfischen genügend Deckung verschaffen. Zusätzlich sollten größere Muschel- oder Schneckenschalen als Versteckmöglichkeiten vorhanden sein.

Sowohl Seewasser- als auch umgewöhnte Brackwasserkugelfische haben bei mir unter diesen Bedingungen bei sichtlichem Wohlbefinden viele Jahre gelebt.

austausch im Seewasseraquarium verwende ich das verbrauchte Seewasser zur Brackwasserherstellung, indem ich die dreifache Menge des anfallenden Seewassers aus dem Brackwasseraquarium entferne und dieses dann mit dem Seewasser und der doppelten Menge Leitungswasser wieder auffülle.

Das von mir zum Austausch genutzte Seewasser stammt aus einem „Niedere-Tiere"-Aquarium und hat noch eine gute Qualität. Wasser aus Fischaquarien sollte man wegen des meist hohen Nitratgehaltes nicht wiederverwenden. Wenn kein Seewasser zur Verfügung steht, dann sollte zur Zubereitung des Brackwassers die Salzmischung Verwendung finden, die für die Seewasseraquaristik vorgesehen ist und nicht, wie früher oft empfohlen, Kochsalz.

Das Seewasseraquarium
Die meisten aus dem Meer stammenden, in die Mangrove

Seegraswiesen, hier mit Arothron stellatus, sind ein bevorzugter Lebensraum für Kugelfische, die ihre Jugend im Süß- oder Brackwasser, das Erwachsenenstadium jedoch im Meer verbringen. photo: K. Ebert

Artenportraits

Bei den Synonymen wurden nur die bekanntesten Namenskombinationen aufgeführt. Eine vollständige Synonymliste finden Sie ab S.91. Ebenso wurden bei den Literaturtipps nur solche Schriften erwähnt, die für die besprochene Art besonders wertvolle Informatonen enthält. Das vollständige Literaturverzeichnis finden Sie ab S. 88.

Auriglobus modestus (BLEEKER, 1851)
Goldkugelfisch

photo: H. Bader

Synonym: *Chonerhinos modestus* (BLEEKER, 1851)

Vorkommen: Thailand, Malaysia, Indonesien.
Lebt in Flüssen (bis in die Mündungen).
In der Literatur angegebene Maximalgröße: 11 cm

Der Goldkugelfisch wird relativ häufig im Handel angeboten. Die metallisch glänzende gelbgrüne Färbung und die Lebhaftigkeit würden diese **Süßwasserkugelfische** zu attraktiven Pflegeobjekten machen, wenn die ausgeprägte Nei-gung zur Flossenbeißerei nicht bestünde. Individuen, die diese unangenehme Eigenschaft nicht entwickeln, sind eher selten.

Jungtiere verhalten sich agil; sie suchen ständig das Aquarium nach Fressbarem ab oder schwimmen an der Scheibe entlang. Mit dem Größerwerden verliert sich das lebhafte Wesen, die Tiere werden untereinander bissig und halten sich vorwiegend zwischen den Pflanzen versteckt auf. Eine Vergesellschaftung mit anderen schnellen Fischen ist möglich, aber wegen der Bissigkeit nicht unproblematisch.

Bei dieser Kugelfischart tritt häufig als Folge unzureichender Abnutzung ungebremstes Wachstum der Zähne auf. Die Kürzung der Zähne mit einer Nagelzange ist unbedingt notwendig, denn die Fische würden sonst durch die Verlegung der Maulöffnung verhungern (siehe Allgemeiner Teil, S. 9). *Auriglobus modestus* ist, was die Pflegeansprüche anbelangt, als hart zu bezeichnen.

Weiterführende Literatur:

BADER, H. (1985): Goldgrüne Kugelfische aus Thailand. *Chonerhinus modestus* (BLEEKER) 1850 (sic!). Aquar. Terrar. Ztschr. (DATZ) 38 (6 +7): 246-249 + 295-297

Auriglobus silus (ROBERTS, 1981)
Gestreckter Goldkugelfisch

photo: F. Schäfer

Synonym: *Chonerhinos silus* ROBERTS, 1981

Vorkommen: Indochina und Indonesien.
Lebt im Süßwasser.
In der Literatur angegebene Maximalgröße: 8 cm

Für diesen **Süßwasserkugelfisch** trifft dasselbe zu, was schon bei *Auriglobus modestus* beschrieben wurde. Diese beiden Arten entsprechen sich in Färbung und Verhalten; lediglich in der Körperform bestehen Unterschiede. Der Schwanzstiel von *A. silus* ist schmaler und länger als bei *A. modestus*, ferner wirkt *A. silus* insgesamt schlanker.

Auch bei dieser Art besteht die Neigung, Flossen anderer Fische zu beschädigen, und es entwickelt sich eine im Alter zunehmende Aggressivität. Die Tiere zeigen kein ausgesprochenes Jagdverhalten; sollte jedoch einmal ein Aquariummitbewohner verletzt worden sein und keine Möglichkeit zur Flucht haben, ist er verloren, denn dann stürzen sich sofort alle Kugelfische dieser Art auf das Opfer und fressen es auf.

Auriglobus silus ist leicht zu halten und stellt keine besonderen Ansprüche an die Wasserqualität.

Weiterführende Literatur:
ROBERTS, T. R. (1982): The south-east Asian freshwater pufferfish genus *Chonerhinos* (Tetraodontidae), with descriptions of new species. Proc. Calif. Acad. Sci. (ser. 4) 43 (1): 1-16

KOTTELAT, M. (1999): Nomenclature of the genera *Barbodes*, *Cyclocheilichthys*, *Rasbora* and *Chonerhinos* (Teleostei: Cyprinidae and Tetraodontidae), with comments on the defintion of the first reviser. Raffles Bull. Zool. 47 (2): 591-600

Carinotetraodon imitator BRITZ & KOTTELAT, 1999
Falscher Zwergkugelfisch

photo: E. Schraml / Archiv A.C.S.

und Färbung. Auffällig ist die Fähigkeit der Männchen, während des Imponierverhaltens einen Bauch- und Rückenkamm zu bilden. Die Pflege ist einfach, die innerartliche Aggression relativ gering und Vergesellschaftung mit anderen Fischarten unbedenklich möglich. Allerdings muß auch bei dieser Kugelfischart mit Flossenverletzungen anderer Aquarienbewohner gerechnet werden. Von einer erfolgreichen Nachzucht berichtete BRITZ (1998). Nach seinen Beobachtungen erfolgte nach vorausgegangenen Balzspielen eine Laichabgabe in Javamoos. Intensive Brutpflege fand nicht statt. Die Entwicklung der Eier dauerte bei 22 – 24°C sieben Tage. Zur Aufzucht der Jungtiere wurden Artemia-Nauplien gereicht.

Vorkommen: Südwestindien (Kerala, Cochin-Distrikt).
Lebt im Süßwasser.
In der Literatur angegebene Maximalgröße: 2,2 cm

Dieser **Süßwasserkugelfisch** wird gelegentlich mit dem jetzt häufig angebotenen *Carinotetraodon travancoricus* aus Südindien importiert. Wie bei allen Kammkugelfischarten besteht auch bei dieser Art ein Geschlechtsunterschied in Form

Weiterführende Literatur:
BRITZ, R. (1998): Ein neuer Kugelfisch aus Indien. Aquar. Terrar. Ztschr. (DATZ) 51 (8): 498-501

BRITZ, R. & M. KOTTELAT (1999): *Carinotetraodon imitator*, a new freshwater puffer from India (Teleostei: Tetraodontiformes). J. South Asian Nat. Hist. 4 (1): 39-47.

SCHÄFER, F. (1999): Ein neuer Zwergkugelfisch aus Indien. Aqualognews 27: 3.

Carinotetraodon irrubesco TAN, 1999
Rotschwanz-Kammkugelfisch

photo: F. Schäfer

nicht ganz so stark ausgeprägt wie bei der zum Vergleich herangezogenen Art. Das Imponierverhalten unter Bildung eines Rücken- und Bauchkammes ist bei beiden Arten gleich, Beißereien untereinander treten jedoch viel seltener auf, so dass die Tiere auch in einem kleinen Aquarium miteinander vergesellschaftet werden können.

Leider besteht im Vergleich zu *Carinotetraodon lorteti* eine größere Neigung, Flossen anderer Aquarienmitbewohner zu beschädigen. Schnell schwimmende Fische (wie Barben und Salmler) werden kaum behelligt, langsame Fische (wie Fadenfische und Welse) leiden jedoch unter den Angriffen und Flossenbeschädigungen.

Vorkommen: Sumatra, Borneo.
Lebt im Süßwasser.
In der Literatur angegebene Maximalgröße: 4,5 cm

Der in seinem äußeren Erscheinungsbild sehr an *Carinotetraodon lorteti* erinnernde **Süßwasserkugelfisch** wurde Anfang 2000 erstmals von der Firma Aquarium Glaser importiert. Die Tiere sind etwas kleiner als *C. lorteti* und zeigen dasselbe Verhalten wie diese. Die innerartliche Aggressivität ist jedoch

Als Unterscheidungsmerkmal zu *Carinotetraodon lorteti* dient die Farbe der Schwanzflosse (bei *C. irrubesco*: rot). Als Nahrung wird Lebend- oder Frostfutter herkömmlicher Art akzeptiert, bevorzugt werden rote Mückenlarven.

Bei der engen Verwandschaft zu *Carinotetraodon lorteti* ist auch im Fortpflanzungsverhalten keine Abweichung von diesen zu erwarten.

Die von mir gehaltenen Tiere verhalten sich untereinander relativ friedlich, stellen aber höhere Pflegeansprüche als die anderen Süßwasserkugelfische. Bei gemeinsamer Haltung mit anderen *Carinotetraodon*-Arten und *Colomesus asellus* traten Verluste unbekannter Ursache unter den *Carinotetraodon irrubesco* bei sichtlichem Wohlbefinden der Kugelfische der anderen Arten auf. Wenn man wegen der Flossenbissigkeit eine entsprechende Auswahl der einzelnen Individuen trifft oder die für eine Vergesellschaftung geeigneten Mitbewohner auswählt

und optimale Pflegebedingungen bieten kann, ist *Carinotetraodon irrubesco* ein empfehlenswerter Kugelfisch.

Weiterführende Literatur:
TAN, H. H. (1999): A new species of *Carinotetraodon* from Sumatra and Borneo and validity of *C. borneensis* (Teleostei: Tetraodontidae). Ichthyol. Explor. Freshwaters 10 (4): 345-354.
SCHÄFER, F. (2000): Kugelfische aus Süd- und Südostasien. Aquaristik Fachmagazin 32 (4): 7-13.

Carinotetraodon lorteti (TIRANT, 1885)
Kammkugelfisch

photo: D. Bork

Aquarienbewohner zu beschädigen. Weiterhin ist die Aggressivität dieser Art gegenüber Kugelfischen anderer Arten zu beachten. Von einer Vergesellschaftung sollte abgesehen werden.

Über die Nachzucht von *Carinotetraodon lorteti* berichtete 1983 RICHTER. Nach vorausgegangener Balz, wobei das Männchen unter Ausbildung eines Rücken- und Bauchkammes das Weibchen in Schleifen umschwamm, erfolgte das Ablaichen in einer bodennahen, vom Weibchen im Javamoos angelegten Höhle. Die Tiere gaben unter heftigem Zittern Laich und Sperma ab. Die Eier hafteten auf Grund einer guten Klebfähigkeit am Substrat, waren weißlich durchscheinend und ca. 0,5 mm groß. Die Brutpflege wurde von dem Männchen übernommen.

Synonyme: *Carinotetraodon chlupatyi* BENL, 1957, *Tetraodon somphongsi* KLAUSEWITZ, 1957, *Tetraodon werneri* BENL & CHLUPATY, 1957 (ein Cheironym).

Vorkommen: Indochina, Malaysia, Indonesien, Thailand.
Lebt im Süßwasser - an verkrauteten Stellen des Ufers.
In der Literatur angegebene Maximalgröße: 5,5 cm

Der Kammkugelfisch ist auf Grund seiner attraktiven Färbung und seiner geringen Größe ein idealer **Süßwasserkugelfisch** für das Aquarium. Es besteht ein ausgesprochener Geschlechtsdimorphismus, eine bei Kugelfischen seltene Erscheinung.

Die farbenprächtigen und größeren Männchen sind bei Imponierhandlungen in der Lage, Bauch- und Rückenfalten zu bilden, wodurch bei seitlicher Sicht eine Vergrößerung der Körperfläche erzielt wird. Leider ist mit dem Imponierbedürfnis auch eine innerartliche Aggressivität verbunden, die sich übrigens nicht nur auf die Männchen beschränkt. Der innerartlichen Unverträglichkeit ist durch ein größeres Raumangebot Rechnung zu tragen, denn Verfolgungen schwächerer Tiere werden nur über eine bestimmte Distanz durchgeführt und enden nicht, wie bei Cichliden bekannt, durch ständiges Bedrängen mit dem Tod des unterlegenen Tieres. Empfehlenswert ist außerdem die Schaffung vieler Versteckmöglichkeiten durch dichte Bepflanzung und Holzdekoration. Leider zeigen auch einzelne Exemplare dieser Kugelfischart die unangenehme Neigung, Flossen anderer

Nach 60 bis 72 Stunden schlüpften die Jungen, die noch einen Dottersack besaßen und ca. 2 mm lang waren. Die Jungtiere zeigten das Bestreben, nach oben zu schwimmen. Nach weiteren zwei Tagen schwammen die Jungen frei und wurden mit winzigen *Cyclops*-Nauplien gefüttert. *Artemia*-Nauplien eigneten sich anfangs wegen der geringen Größe der Jungfische nicht.

Es ist möglich, dass RICHTER mit der nahe verwandten Art *Carinotetraodon borneensis* züchtete. Wir wissen leider noch zu wenig über die Lebendfärbung dieser Art, doch schreibt TAN über die Afterflossenfärbung von *C. borneensis,* sie sei farblos mit schwarzem Saum, während für *C. lorteti* eine rötliche Färbung angegeben wird. Die hier als *C. lorteti* abgebildeten Fische wurden aus Thailand importiert, wogegen über die Herkunft von RICHTERS Fischen nichts näheres bekannt ist.

Weiterführende Literatur:
RICHTER, H.-J. (1983): Extravagante Pfleglinge: Kammkugelfische. Aquarien-Magazin1983 (2): 109-113
SCHMITT, B. (2000): Die Zucht des Kammkugelfisches, *Carinotetraodon lorteti*. Aquaristik Fachmagazin 32 (4): 14-15.
TAN, H. H. (1999): A new species of *Carinotetraodon* from Sumatra and Borneo and validity of *C. borneensis* (Teleostei: Tetraodontidae). Ichthyol. Explor. Freshwaters 10 (4): 345-354.
TYLER, J. C. (1978): Der Rotaugen-Kammkugelfisch, *Carinotetraodon lorteti*, aus Südostasien. Aquar. Terrar. Ztschr. (DATZ) 31 (4): 118-121.

Carinotetraodon travancoricus (HORA & NAIR, 1941)
Zwergkugelfisch; Erbsenkugelfisch

photo: F. Schäfer

Vorkommen: Südwestindien (Kerala).
Lebt im Süßwasser des Pambaflusses.
In der Literatur angegebene Maximalgröße: 2,2 cm

Der Zwergkugelfisch ist der ideale **Süßwasserkugelfisch** für kleinere Aquarien. Er ist problemlos zu halten, er stellt keine besonderen Ansprüche an die Wasserverhältnisse und ist leicht mit Frostfutter zu ernähren. Es besteht eine unterschiedliche Färbung der Geschlechter, jedoch bei weitem nicht so stark ausgeprägt wie bei *Carinotetraodon lorteti*. Neu in das Aquarium eingebrachte Zwergkugelfische schwimmen in Form eines lockeren Schwarmes und erkunden gemeinsam ihre neue Umgebung. Nach einigen Tagen ändert sich das Verhalten. Bei ausreichender Ortskenntnis spaltet sich die Gruppe auf, und die einzelnen Tiere beginnen sich gegenseitig zu jagen, ohne sich zu beißen. Ein streng territoriales Verhalten lässt sich dabei aber nicht erkennen. Diese artspezifische Aggressivität ist nicht geschlechtsgebunden. Leider gibt es auch unter diesen Winzlingen Individuen, die permanent bestrebt sind, anderen Fischen Flossenstücke abzubeißen.

Carinotetraodon travancoricus wurde bereits nachgezogen. Ein Bericht über das Fortpflanzungsverhalten liegt jedoch noch nicht vor.

Weiterführende Literatur:

BRITZ, R. (1998): Ein neuer Kugelfisch aus Indien. Aquar. Terrar. Ztschr. (DATZ) 51 (8): 498-501

Colomesus asellus (MÜLLER & TROSCHEL, 1848)
Asselkugelfisch

photo: F. Teigler / Archiv A.C.S.

Vorkommen: Amazonasbecken (Importe erfolgen aus Peru, Kolumbien und Brasilien).
Lebt im Süßwasser der Flüsse.
In der Literatur angegebene Maximalgröße: 15 cm (diese Größe ist unwahrscheinlich, da die Fische im Aquarium wesentlich kleiner bleiben – ca. 8 cm)

Der Asselkugelfisch ist ein lebhafter, kleinbleibender, friedlicher und ansprechend gefärbter **Süßwasserkugelfisch**, der alle Voraussetzungen für einen idealen Aquarienbewohner bietet. Er akzeptiert alle Lebend- und Frostfutterarten, besonders gern werden Mückenlarven gefressen.

Leider besteht eine etwas vermehrte Krankheitsanfälligkeit, besonders genüber *Oodinium* (heute gültiger Name: *Picinoodinium*). Bei Einbringen neu angeschaffter Fische in ein mit *Colomesus asellus* besetztes Aquarium kommt es bei latentem Befall der Neulinge meist zuerst bei den Kugelfischen zu einem Ausbruch der Krankheitserscheinungen. Dabei bleiben oft die übrigen Aquarienbewohner ohne sichtbaren Befall. Aus diesem Grund sollte man entweder den Fischbestand in dem mit den Kugelfischen besetzten Aquarium unverändert lassen, oder die bei Neuanschaffung von Fischen zu beachtenden Vorsichtsmaßnahmen (Quarantäne oder Desinfektion) besonders gewissenhaft durchführen.

Liebhaber, die auf eine ruhige Atmosphäre im Aquarium Wert legen, sollten von der Anschaffung dieses Kugelfisches absehen, denn durch die Lebhaftigkeit der Tiere und das ständige Schwimmen entlang der Aquarienscheiben wird erhebliche Unruhe erzeugt. Flossen anderer Fische werden nicht beschädigt. Über eine gelungene Nachzucht dieser Art unter Aquarienbedingungen ist nichts bekannt.

Weiterführende Literatur:

TYLER, J. C. (1964): A diagnosis of the two species of South American puffer fishes (Tetraodontidae, Plectognathi) of the genus *Colomesus*. Proc. Acad. Nat. Sci. Phila. 116 (3): 119-148.

Colomesus psittacus (BLOCH & SCHNEIDER, 1801)
Papageikugelfisch

photo: S. Nakano/ Archiv A.C.S.

Vorkommen: Westatlantik (vom Golf von Paria bis zum Amazonas).
Lebt im Flachwasser der Küste und dringt in Flussmündungen ein.
In der Literatur angegebene Maximalgröße: 30 cm

Der Papageikugelfisch ist ein schnellwüchsiger, sehr groß werdender **Brackwasserkugelfisch**. Er ist schwimmfreudig und verhält sich (zumindest als Jungtier) gegenüber anderen Fischarten friedlich. Flossenbeißerei tritt so gut wie nicht auf. Diese Art kommt für ein Süßwasseraquarium nur vorübergehend in Frage, am wohlsten fühlt sie sich im Seewasser. Für den Aquarianer, der ein Brack- oder Seewasseraquarium mit viel Platz besitzt, ist dieser Kugelfisch wegen seiner Lebhaftigkeit und Verträglichkeit zu empfehlen.

Eine gute Belüftung und Filterung ist wegen der großen Futtermengen, die aufgenommen werden, unbedingt erforderlich.

Weiterführende Literatur:

TYLER, J. C. (1964): A diagnosis of the two species of South American puffer fishes (Tetraodontidae, Plectognathi) of the genus *Colomesus*. Proc. Acad. Nat. Sci. Phila. 116 (3): 119-148.

Tetraodon biocellatus TIRANT, 1885
Palembangkugelfisch

photo: F. Teigler / Archiv A.C.S.

Synonyme: *Crayacion fluviatilis* var. *ocellata* STEINDACHNER, 1870, *Tetraodon palembangensis* (non BLEEKER, 1852) and *Tetraodon steindachneri* DEKKERS, 1975.

Vorkommen: Thailand, Indochina, Malaysia, Indonesien.
Lebt im Süß- und Brackwasser.
In der Literatur angegebene Maximalgröße: 6 cm

Dieser Kugelfisch ist wohl der schönste aller **Brackwasserkugelfische**. Neben seiner prächtigen Färbung und Zeichnung ist die Friedfertigkeit, die Lebhaftigkeit und die für das Durchschnittsaquarium akzeptable Göße hervorzuheben. Auch die Neigung, Flossen anderer Fische zu beschädigen, ist nur gering ausge-

prägt. Außerdem besteht kaum Aggressivität gegenüber Artgenossen. Leider ist diese Art bei Dauerpflege im Süßwasser heikel und krankheitsanfällig. Dagegen erweist sich *Tetraodon biocellatus* im Brack- und Seewasseraquarium als hart und widerstandsfähig.

Im Gegensatz zu anderen Brackwasserkugelfischen nimmt bei dieser Art die Schönheit der Körperzeichnung und Färbung im Alter sogar noch zu. Probleme bei der Fütterung bestehen nicht. Muschelfleisch und Mückenlarven werden gern genommen.

Der Laich dieser Kugelfische dürfte giftig sein, denn nach Ablaichen kam es bei mir zu Verlusten unter den im selben Aquarium lebenden Süßwasserschleimfischen (Blenniidae). Der Laichvorgang konnte nicht beobachtet werden. Der sonst unerklärliche Tod der Schleimfische fiel mit dem Schlankwerden eines vorher laichgefüllten Kugelfischweibchens zusammen, was den Rückschluss zulässt, dass das Fressen des Laiches eine ursächliche Rolle gespielt hat.

Weiterführende Literatur:

DEKKERS, W. J. (1975): Review of the Asiatic freshwater puffers of the genus *Tetraodon* LINNAEUS, 1758 (Pisces, Tetraodontiformes, Tetraodontidae). Bijdr. Dierkd. 45 (1): 87-142.
KOTTELAT, M. (1986): A review of the nominal species of fishes described by G. Tirant. Nouv. Arch. Mus. Hist. Nat. Lyon Fasc. 24: 5-24.

Tetraodon cochinchinensis (STEINDACHNER, 1866)
Brauner Kugelfisch

photo: B. Migge / Archiv A.C.S.

Das Aquarium wird von den Kugelfischen in Territorien aufgeteilt, die dann ständig behauptet werden. Zentrum eines Territoriums ist ein verdeckter Standort, der nur zur Fütterung verlassen wird. Verlässt ein Fisch seine Höhle, wird er meist sofort vom angrenzenden Revierbesitzer angegriffen. Erfolgt der Rückzug nicht schnell genug, kann es zu erheblichen Bissverletzungen kommen, wobei es oft zur Perforation der derben, lederartigen Haut kommt. Erstaunlicherweise heilen die so entstandenen Wunden innerhalb kurzer Zeit wieder ab. Bissverletzungen sind auch bei der Fütterung möglich (siehe Allgemeiner Teil, S. 10–11).

Gefressen wird alles, was angeboten wird, vorzugsweise Muschelfleisch.

Laichabgaben finden regelmäßig statt. Dabei geht dem Ablaichen das Säubern eines Steines oder Holzstückes mit Hilfe eines ausgespieenen Wasserstrahles voraus. Während der Balz und des Ablaichens findet eine Farbumkehr statt. Zum Balzverhalten gehört auch die Körpervergrößerung durch Aufblasen. Das Gelege wird vom Männchen bewacht und befächelt. Die geschlüpften Jungfische werden sich selbst überlassen und können mit Plankton, Artemia-Nauplien und später Cyclops und Tubifex aufgezogen werden.

Synonyme: Tetraodon fangi PELLEGRIN & CHEVEY, 1940, Tetraodon leiurus brevirostris BENL, 1957, Tetraodon ocellaris KLAUSEWITZ, 1957.

Vorkommen: Thailand, Vietnam, Kambodscha.
Lebt im Süßwasser der Flüsse und Seen.
In der Literatur angegebene Maximalgröße: 7 cm

Dieser **Süßwasserkugelfisch** wurde zeitweise in großer Stückzahl importiert und wird jetzt auch als Nachzucht angeboten. Er kommt aber nur für den speziell interessierten Aquarianer in Frage, denn er ist sehr unverträglich, bissig und raubgierig. Die Tiere verhalten sich ortsständig und besitzen eine starke innerartliche und allgemeine Aggressivität.

Weiterführende Literatur:
LÖHR, H. & B. LÖHR (2000): Ein Erfolgserlebnis. Die Zucht eines Süßwasser-Kugelfisches. Das Aquarium 372: 28.
GEISER, (1956): Aquarien-Terrarien

Tetraodon cutcutia HAMILTON, 1822
Gemeiner oder Glühaugen-Kugelfisch

photo: S. Nakano / Archiv A.C.S.

Vorkommen: Malaysia (?), Myanmar, Indien, Bangladesch, Sri Lanka (?).
Lebt im Süßwasser und dringt gelegentlich in die Brackwasserregion ein.
In der Literatur angegebene Maximalgröße: 9,5 cm

Es handelt sich bei diesem Fisch um eine in pflanzenreichen Gewässern lebende **Süßwasserkugelfischart**. Tetraodon cutcutia ist, was die Pflegebedingungen anbelangt, anspruchslos und hart. Es handelt sich um eine ausgesprochen träge Kugelfischart, die sich vorzugsweise an geschützten Standorten (zwischen Pflanzen oder in Höhlen) aufhält und sich aggressiv verhält. Die Aggressivität besteht gegen Mitglieder der eigenen Art und ist auch gegen artfremde Fische gerichtet. Aus diesem Grund ist die Haltung in einem mit vielen Verstecken ausgestatteten Artbecken zu empfehlen. Sollte eine Vergesellschaftung gewünscht werden, dann kommen nur Fische in Frage, die den oberen Bereich des Aquariums besiedeln (z. B. größere Salmler).

Tetraodon cutcutia ist Substratlaicher. Erste Beobachtungen des Balz-, Laich- und Brutpflegeverhaltens wurden Anfang des 20. Jahrhunderts von Schäme gemacht. Nach einer vorausgegangenen Balz wurden die ca. ein Millimeter großen Eier auf einem vom Männchen ausgewählten, schräg liegenden Stein kreisförmig abgelegt. Das festhaftende Gelege wurde vom Männchen bewacht und durch Flossenfächeln gepflegt. Eine Beteiligung des Weibchens an der Brutpflege fand nicht statt.

Nach sechs bis zehn Tagen schlüpften die Jungfische. Sie hielten sich zuerst am Boden auf und zogen später in Gruppen nahrungssuchend durch das Aquarium. Gefüttert wurden Infusorien, kleinste *Cyclops* und später Jungschnecken und Daphnien. Nach zwei Jahren waren die nachgezogenen Kugelfische fortpflanzungsfähig.

Weiterführende Literatur:
Hamilton, F. (1822): An account of the fishes found in the river Ganges and its branches. Edinburgh & London.
Schäme, P. (1907): *Tetraodon cutcutia* Ham. Buch., Kugelfisch. Wochenschrift für Aquarien- und Terrarienkunde, 4 (42): 533-535.

Tetraodon duboisi Poll, 1959
Wabenkugelfisch

photo: S. Nakano/ Archiv A.C.S.

Vorkommen: Zentralafrika (Leopoldville, Stanley-Pool und Kongo).
Lebt im Süßwasser der Flüsse.
In der Literatur angegebene Maximalgröße: 9 cm

Dieser **Süßwasserkugelfisch** wird nur selten importiert, meist zusammen mit *Tetraodon miurus*, dem er auch im äußeren Erscheinungsbild und im Verhalten ähnelt. Diese beiden Arten weichen lediglich in der Körperzeichnung voneinander ab.

Tetraodon duboisi ist wie *Tetraodon miurus* ein Fischjäger, der im Sand verborgen auf seine Opfer wartet, um sie am Bauch zu packen und dann zu fressen.

Trotz dieses spezialisierten Nahrungserwerbes ergeben sich bei der Pflege keine Probleme, denn nach einer kurzen Gewöhnungszeit werden auch Muscheln und Garnelen gefressen. Es besteht eine starke artspezifische und gegen andere Kugelfischarten gerichtete Aggressivität. Die Pflege ist einfach. Die Fische können aus obengenannten Gründen nur einzeln gehalten werden.

Weiterführende Literatur:
Poll, M. (1959): Recherches sur la faune ichthyologique de la région du Stanley Pool. Ann. Mus. R. Congo Belge (Ser. 8), Sci. Zool. 71: 75-174, pl. 12-26.

Tetraodon erythrotaenia Bleeker, 1853
Rotband-Kugelfisch

photo: S. Nakano/ Archiv A.C.S.

Vorkommen: Indonesien und Papua-Neuguinea
Lebt vorzugsweise in der Mangroveregion, dringt aber auch in Flüsse ein.
In der Literatur angegebene Maximalgröße: 8,5 cm

Dieser **Brackwasserkugelfisch** wird trotz seines gebietsweise häufigen Vorkommens nur ganz selten nach Deutschland importiert.
Eigene Pflegeerfahrungen liegen leider noch nicht vor, der Fisch gilt aber als bissig und unverträglich.

Weiterführende Literatur:
Dekkers, W. J. (1975): Review of the Asiatic freshwater puffers of the genus *Tetraodon* Linnaeus, 1758 (Pisces, Tetraodontiformes, Tetraodontidae). Bijdr. Dierkd. 45 (1): 87-142.

Tetraodon fluviatilis HAMILTON, 1822
Grüner Flusskugelfisch

photo: F. Teigler / Archiv A.C.S.

recht groß werdende Art, die entsprechend schnellwüchsig ist und im Alter die hübsche Färbung verliert. Die über Bombay in den 70er Jahren relativ häufig importierten Tiere weichen in der Färbung deutlich von den aus Bengalen und Sri Lanka eingeführten Fischen ab (s. hierzu Bildteil, S. 58).

Eine artspezifische und allgemeine Aggressivität besteht nicht. Wegen des schnellen Wachstums können die Tiere jedoch irgendwann zu einer Gefahr für die anderen Aquarienmitbewohner werden, ein Umstand, der bei der Anschaffung dieser Kugelfische berücksichtigt werden sollte. Flossenbeißerei tritt gelegentlich auf. Die beißenden Tiere müssen aus dem Aquarium entfernt werden. Die Pflege in reinem Süßwasser ist bei dieser Art ähnlich problematisch wie sie schon bei anderen Brackwasserkugelfischarten beschrieben wurde. Eine Haltung im Brack- oder Seewasseraquarium ist dagegen jahrelang ohne Schwierigkeiten möglich.

Synonym: *Dichotomycterus rangoonensis* LE DANOIS, 1959

Vorkommen: Indien, Sri Lanka, Bangladesch, Myanmar, Borneo (?). Lebt in langsam fließenden Flüssen und Flussmündungen.
In der Literatur angegebene Maximalgröße: 17 cm (wird aber nach meinen Beobachtungen über 20 cm groß)

Dieser **Brackwasserkugelfisch** wird in zwei Farbvarianten relativ häufig aus Indien und Sri Lanka eingeführt. Die Jungtiere dieser Art sind sehr ansprechend gefärbt und erinnern etwas an *Tetraodon biocellatus*. Leider handelt es sich hier um eine

Weiterführende Literatur:

DEKKERS, W. J. (1975): Review of the Asiatic freshwater puffers of the genus *Tetraodon* LINNAEUS, 1758 (Pisces, Tetraodontiformes, Tetraodontidae). Bijdr. Dierkd. 45 (1): 87-142.

Tetraodon lineatus LINNAEUS, 1758
Nilkugelfisch

photo: S. Nakano/ Archiv A.C.S.

Bei dieser sehr groß werdenden und entsprechend schnellwüchsigen **Süßwasserkugelfischart** handelt es sich um den bissigsten und gefährlichsten Vertreter der Kugelfischfamilie. Die Aggressivität der Fische richtet sich gegen alles, was sich im Aquarium bewegt. Egal, ob es ein Fisch im Nachbaraquarium oder eine Hand vor der Aquarienscheibe ist, alles wird attackiert. Das Hantieren in einem Aquarium, in dem sich ein größerer *Tetraodon lineatus* befindet, ist ohne Gefahr nur nach Abdrängen des Tieres mit Hilfe eine derben Netzes möglich.
Die genannten Gründe erlauben nur eine Einzelhaltung.

Synonym: *Tetraodon fahaka* HASSELQUIST, 1762. Von dieser Art sind mehrere Unterarten beschrieben worden. Importe erfolgen regelmäßig aus Nigeria , von wo *Tetraodon lineatus strigosus* BENNETT, 1834 beschrieben ist. Diese Form gilt heute meist als Synonym zu *T. l. lineatus,* der aus dem Nil beschrieben wurde, wo er heute als nahezu ausgestorben gilt.

Vorkommen: Afrika (Nil, Volta-, Gambia-, Geba-, und Senegal- fluß, Turkana-See).
Lebt im offenen Wasser und im Uferbereich der Flüsse.

In der Literatur angegebene Maximalgröße: 43 cm

Wegen des enormen Appetites findet auch in relativ kleinen Aquarien ein sehr schnelles Wachstum statt. Bei mir erreichte ein ca. 5 cm großes Exemplar innerhalb von 5 Jahren eine Größe von 42 cm und das in einem Becken mit 130 Liter Wasserinhalt. Wegen des hohen Stoffumsatzes ist ein wöchentlicher Wasserwechsel (50%) und eine gut funktionierende Durchlüftung und Filterung unbedingt notwendig. Ansonsten ist dieser Kugelfisch in seinen Pflegeansprüchen als hart zu bezeichnen.

Weiterführende Literatur:
BENL, G. (1956): Süßwasser-Kugelfische. Aquar. Terrar. Ztschr. (DATZ) 4 (6): 141-147.

Tetraodon mbu BOULENGER, 1899
Goldringelkugelfisch oder Kongokugelfisch

photo: H. J. Richter

Vorkommen: Afrika (Zairestromgebiet, Tanganika-See).
Lebt im Süßwasser, bis in die Flussmündungen.
In der Literatur angegebene Maximalgröße: 67 cm

Dieser Kongokugelfisch ist der größte und der schönste **Süß-wasserkugelfisch.** Für Aquarianer, die ein großes Aquarium besitzen oder für öffentliche Aquarien stellt dieser Fisch ein interessantes Pflegeobjekt dar. Mit einigem Glück kann man trotz innerartlicher Aggressivität mehrere Tiere zusammen halten oder Tiere dieser Art mit Fischen anderer Arten vergesellschaf-ten. Für die gemeinsame Pflege mehrerer Gold-ringelkugelfische ist es empfehlenswert, kleinere Tiere anzuschaffen. Da bei guter Fütterung eine schnelle Größenzunahme stattfindet, könnte durch frühzeitiges Aneinandergewöhnen der Tiere die artspezifische Aggressivität unterdrückt werden.

Wenn man die Vergesellschaftung mit anderen Fischarten anstrebt, dann sollte man ein schüchternes Tier auswählen, denn diese Verhaltensweise bleibt auch später erhalten.

Es ist erstaunlich, wie unterschiedlich sich die einzelnen Individuen verhalten. Es gibt Tiere, die sich durch wenige Flossenschläge eines wesentlich kleineren Welses in die Flucht jagen lassen und andere Tiere, die unerschrocken in alles beißen, was fressbar erscheint.

Ganz allgemein kann man aber sagen, dass sich *Tetraodon mbu* eher zurückhaltend und vorsichtig verhält (ganz im Gegensatz zu *Tetraodon lineatus*). Die kugelfischtypische Flossenbeißerei tritt so gut wie nie auf. Eingewöhnte Tiere sind hart und kaum krankheitsanfällig, aber nach Futteraufnahme sehr sauerstoffbedürftig. Ersticken nach ausgiebiger Fütterung ist die häufigste Todesursache. An Futter werden Muscheln, Garnelen und Schnecken bevorzugt (siehe hierzu auch Allgemeiner Teil, S. 12).

Tetraodon miurus BOULENGER, 1902
Kongo-Kofferkugelfisch

photo: S. Nakano / Archiv A.C.S.

Vorkommen: Zentralafrika (Zaire-Stromgebiet)
Hält sich am Grund und in den Stromschnellen der Flüsse auf.
In der Literatur angegebene Maximalgröße: 15 cm
Dieser **Süßwasserkugelfisch** ist ein Spezialist unter den Kugelfischen. Er frisst Fische, die er im Sand vergraben von unten anfällt , um sie dann mit seinem kräftigen Gebiss zu zerteilen und zu verschlingen.

Im Aquarium kann man *Tetraodon miurus* auch an Muschelfleisch gewöhnen. Anfänglich lässt man tote Fische absinken, die von dem Kugelfisch gefasst und gefressen werden. Später ersetzt man die Fische durch von der Schale befreite Muscheln, die dann genauso gern genommen werden.

Es ist erstaunlich, mit welcher Geschwindigkeit die Muschel durch das kleine Maul im Kugelfisch verschwindet. Wegen des trägen Verhaltens dieser Kugelfischart ist eine Fütterung nur ein- bis zweimal in der Woche erforderlich. Bedingt durch die stark ausgeprägte artspezifische Aggression und die Ernährungsbesonderheiten kann *Tetraodon miurus* weder mit Artgenossen noch mit anderen Fischen zusammen gehalten werden. Das geringe Schwimmbedürfnis und die Notwendigkeit der Einzelhaltung erlauben es, diese Kugelfische in relativ kleinen Aquarien unterzubringen.

Es muß jedoch darauf geachtet werden, dass das Wasser wegen des hohen Stoffumsatzes frisch bleibt (ein wöchentlicher 50%iger Wasserwechsel ist empfehlenswert).

Tetraodon miurus ist ein einfach zu pflegender interessanter Fisch, der aber wegen der beschriebenen Besonderheiten nur für den speziell interessierten Aquarianer in Frage kommt.

Tetraodon nigroviridis MARION DE PROCÉ, 1822
Grüner Kugelfisch

photo: F. Teigler / Archiv A.C.S.

Synonym: *Tetraodon fluviatilis* (non HAMILTON, 1822)

Vorkommen: Indonesien, Indochina, Thailand, Myanmar, Malaysia, Philippinen, Sri Lanka (?).
Lebt im Süß- und Brackwasser (Mangrove)
In der Literatur angegebene Maximalgröße: 14 cm

Dieser Kugelfisch ist der am häufigsten importierte **Brackwasserkugelfisch**. Es handelt sich um eine attraktive und relativ friedliche Art, die dem Aquarianer empfohlen werden kann. Leider ist eine längerfristige Haltung im Süßwasser nicht immer erfolgreich, während die Pflege im Brack- und Seewasser problemlos erfolgen kann. Die Tiere erweisen sich unter diesen Bedingungen als hart und wenig krankheits-anfällig. Im Brack- oder Seewasser gehaltene Tiere sind agiler und wachsen schneller. Ein von mir ca. neun Jahre in reinem Süßwasser gehaltener *Tetraodon nigroviridis* erreichte nur etwa die Hälfte der Körpergröße, die die im Brack- oder Seewasser gehaltenen Exemplare schon nach wenigen Jahren aufwiesen.

Leider geht mit der Größenzunahme die hübsche hellgrüne Färbung verloren.

In der Futterannahme bestehen keine Schwierigkeiten. Kleinere Tiere sind mit Mückenlarven gut versorgt, das ideale Futter für größere Fische ist Muschelfleisch.

Es gibt einige Exemplare, die Flossen anderer Fische beschädigen und es gibt Exemplare, die sich gegenüber Mitgliedern der eigenen Art aggressiv verhalten; beide Verhaltensweisen sind glücklicherweise Ausnahmen. Gelegentlich auftretende Verpilzungen der Augen sind harmlos und bedürfen keiner Behandlung, da sie sich normalerweise von selbst wieder zurückbilden.

Tetraodon nigroviridis ist Substratlaicher. Das Gelege wird vom Männchen bis zum Schlüpfen der Jungtiere bewacht.

Weiterführende Literatur:
DEKKERS, W. J. (1975): Review of the Asiatic freshwater puffers of the genus *Tetraodon* LINNAEUS, 1758 (Pisces, Tetraodontiformes, Tetraodontidae). Bijdr. Dierkd. 45 (1): 87-142.

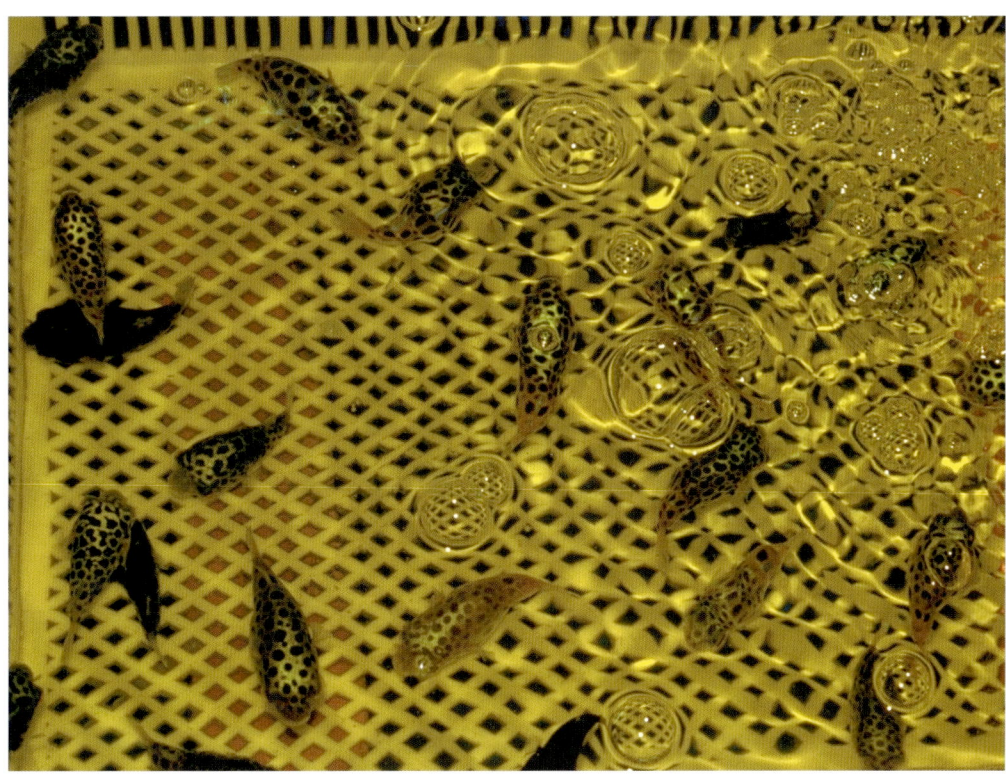

Der Grüne Kugelfisch, Tetraodon nigroviridis, *hier auf einem thailändischen Markt zum Verkauf angeboten, gehört zu den auch heute noch sehr häufig eingeführten und wunderschönen Kugelfischen. Viele Aquarianer kennen den Fisch auch unter der Bezeichnung* Tetraodon fluviatilis, *doch ist das eine andere Art.*

photo: K. Ebert

Tetraodon palembangensis BLEEKER, 1852
Echter Palembangkugelfisch oder Buckelkugelfisch

photo: S. Nakano / Archiv A.C.S.

Vorkommen: Thailand, Indochina, Malaysia, Sumatra, Borneo.
Lebt im Süßwasser.
In der Literatur angegebene Maximalgröße: 21 cm

Dieser selten importierte **Süßwasserkugelfisch** fällt durch seine absonderliche Gestalt auf. Durch eine nach oben durchgebogene Wirbelsäule entsteht der Eindruck eines Buckels. Die Tiere liegen meist reglos am Aquarienboden oder hängen zwischen den Pflanzen. Wären nicht die Atembewegungen und das lebhafte Umherblicken der Augen, könnte man die Tiere für tot halten. Erst wenn man sich mit dem Futternapf

dem Aquarium nähert, kommt Bewegung in die Tiere. Nach hastigem Herunterschlingen der angebotenen Muschel wird sofort wieder die Ruhestellung eingenommen.

Kommt es durch gelegentlichen Ortswechsel zu einer Begegnung mit einem Artgenossen, dann flachen sich die Körper der Fische horizontal ab, die Kontrahenten umschwimmen sich mit nach unten geneigtem Kopf und versuchen, sich gegenseitig abzudrängen. Die in seltenen Fällen versetzten Bisse waren bisher nie ernsthaft und hinterließen nie Verletzungen. Kurze Zeit nach einer solchen Begegnung trennen sich die Tiere wieder und nehmen erneut die Ruhestellung ein.

Tetraodon palembangensis kann als ruhige, nicht sehr aggressive, leicht zu pflegende und interessante Art mit ähnlichen Kugelfischarten (z. B. *Tetraodon suvattii*) oder wehrhaften Fischen anderer Arten (z. B. größere Panzerwelse) vergesellschaftet werden.

Zwischenzeitlich wurde auch diese Kugelfischart zum Ablaichen gebracht. Es handelt sich um einen Höhlensubstratlaicher mit männlicher Brutpflege. Die Aufzucht dürfte ähnlich verlaufen wie sie bei *Tetraodon cochinchinensis* und *T. suvattii* beschrieben wurde, ist jedoch durch eine hohe innerartliche Aggressivität der Jungtiere erschwert (G. KELLNER, mündl. Mitt.).

Tetraodon schoutedeni PELLEGRIN, 1926
Leopardkugelfisch

photo: K. Ebert

Vorkommen: Zentralafrika (Zaire-Stromgebiet).
Lebt im Süßwasser der großen Ströme.
In der Literatur angegebene Maximalgröße: 9 cm

Dieser **Süßwasserkugelfisch** wurde vor Jahrzehnten regelmäßig im Handel angeboten. Es handelt sich um eine attraktive, nicht sehr groß werdende und relativ friedliche Kugelfischart. Eine artspezifische Aggressivität ist zwar vorhanden, aber

nicht sehr stark ausgeprägt. Als unangenehme Eigenschaft tritt relativ häufig das Bestreben, Pflanzen zu verunstalten (eine gelegentlich auch bei anderen Kugelfischarten zu beobachtende Eigenschaft), in Erscheinung. Dabei werden aus nicht erklärbarem Grund Löcher in die Blätter der Wasserpflanzen gebissen. Die Blattstücke werden nicht gefressen sondern wieder ausgespuckt. Dagegen tritt die lästige Neigung, Flossen anderer Fische verletzen, bei dieser Art kaum in Erscheinung.

Als Futter ist Frostfutter jeglicher Art geeignet (besonders Muschelfleisch). Über das Fortpflanzungsverhalten liegen Beobachtungen von FEIGS (1955) vor. Demnach verbeißen sich die Männchen während der Paarung in den Bauch der größeren Weibchen. Das Ablaichen erfolgte unter der Schwimmpflanzendecke. Die Eier sanken nach der Befruchtung auf den Boden des Aquariums.

Weiterführende Literatur:

FEIGS (1955): Mitteilungsblätter der CEV 3/8, S. 90-93.

LÖSEL, H. (1959): Gelungene Zucht von *Tetraodon schoutedeni*. Aquar. Terrar. Ztschr. (DATZ) 7 (4): 97-98.

Tetraodon suvattii SONTIRAT & SOONTHORNSATHIT, 1989
Mekong-Kofferkugelfisch

photo: E. Schraml / Archiv A.C.S.

Vorkommen: Mekongflussgebiet in Thailand und Laos.
Lebt im Süßwasser der Flüsse mit schlammigem und felsigem Untergrund.
In der Literatur angegebene Maximalgröße: 11,5 cm (Importtiere hatten eine Größe von 10 bis 15 cm)

Dieser **Süßwasserkugelfisch** wird erst seit kurzer Zeit regelmäßig importiert. Es handelt sich um eine Art mit relativ geringer innerartlicher Aggressivität, die eine Vergesellschaftung untereinander und mit anderen Kugelfischarten zulässt. Da zur bevorzugten Nahrung Fische gehören, muss man bei gemeinsamer Pflege mit anderen Fischarten entsprechende Vorsicht walten lassen.

Tetraodon suvattii verhält sich territorial und zeigt wenig Bewegungsdrang. Meist halten sich die Tiere versteckt in Höhlen auf. Bei Begegnung zweier Tiere entwickelt sich ein interessantes Imponierverhalten. Die Fische nehmen zuerst eine Drohhaltung in Form einer horizontalen Abflachung des Körpers ein und blasen sich bei Kontakt auf, um sich nach Umschwimmen wieder zu trennen, ohne sich dabei ernstzunehmende Bissverletzungen zuzufügen. Dieses Geschehen spielt sich eher vorsichtig ab.

Ganz anders verhalten sich die Tiere, wenn Futter gereicht wird. Die sonst so trägen Fische kommen zum Futterplatz geschossen und verschlingen hastig ungeheuere Mengen von Muschelfleisch. Nach einer solchen Fressorgie verdoppelt sich der Körperumpfang und man bekommt den Eindruck, die Tiere hätten sich aufgeblasen. Wegen des hohen Stoffwechsels ist eine starke Belüftung und Filterung des Aquariums notwendig. Während des Fressens kann es zu ernsthaften Verletzungen kommen, so dass sich eine Einzelfütterung empfiehlt (siehe Allgemeiner Teil, Seite 11).

Bisher zeigte sich keine besondere Empfindlichkeit oder Krankheitsanfälligkeit dieser Kugelfischart. Bisswunden heilen innerhalb kurzer Zeit komplikationslos wieder ab.

Tetraodon suvattii wurde bereits 1973 von RECHER nachgezogen. Allerdings unterlief RECHER bei der Benennung der Kugelfischart ein Irrtum. Er bezeichnete die von ihm nachgezogenen Fische als *Tetraodon miurus*. Die gute Beschreibung des äußeren Erscheinungsbildes und des außergewöhnlichen Verhaltens und die von WARECKA angefertigten Bilder lassen keinen Zweifel aufkommen, dass es sich hier um *Tetraodon suvattii* handelte.

Nach RECHERS Beobachtungen erfolgte vor dem Ablaichen ein Balzritual, das mit dem Aufblasen der Geschlechtspartner begann und im Anlegen einer Grube im Sand endete. Der Laichvorgang selbst konnte nicht beobachtet werden. Die abgelegten Eier befanden sich in einer Höhle, klebten zum größten Teil auf einem Stein, waren glasklar, ca. zwei Millimeter groß und wurden von einem Elterntier befächelt und bewacht. RECHER saugte einen Teil der Eier, die lose um das Gelege herumlagen, ab und stellte nach sechs Tagen das Schlüpfen der Jungen fest. Nach weiteren zwei Tagen war der Dottersack aufgebraucht und die Jungtiere schwammen frei. Zuerst wurden *Artemia*-Nauplien gereicht, aber schon nach einer Woche nahmen die Jungfische *Cyclops, Tubifex* und rote Mückenlarven.

Auch ich konnte mittlerweile *Tetraodon suvattii* nachziehen und kann die von RECHER gemachten Beobachtungen bestätigen. Nach tagelangem Balzen erfolgte die Eiablage in einer von mir nicht einsehbaren Höhle. Das Gelege wurde vom Männchen bis zum Schlüpfen bewacht. Da ich den Zeitpunkt des Laichens nicht feststellen konnte, kann ich auch keine Angaben über die Zeitigungsdauer machen. Die mit einem Dottersack versehenen, relativ großen Jungtiere liegen nach dem Schlüpfen ca. zwei Tage am Boden und beginnen danach, höhere Regionen des Aquariums aufzusuchen, um sich zwischen den Blättern der Wasserpflanzen zu verstecken. Wie ihre Eltern zeigen auch die Jungfische keine große Schwimmfreude und schnappen nach vorübertreibenden *Artemia*-Nauplien, die als Anfangsnahrung gut geeignet sind. Die Jungen zeigen schon die Form und andeutungsweise die Färbung der Alttiere. Gelangen Jungtiere beim Atmen in das Maul eines Alttieres, dann werden sie sofort wieder ausgespuckt. Eine kommerzielle Zucht dieser Kugelfische dürfte problemlos möglich sein.

Weiterführende Literatur:
RECHER, P. (1974): Der Kofferkugelfisch (*Tetraodon miurus*), ein seltener Gast aus dem Kongo. D. Aquar. u. Terr. Zeitschr. (DATZ) 27 (5): 146-149
SONTIRAT, S. (1989): Four new species of freshwater fishes from Thailand. Kasetsart J. Nat. Sci. 23 (1): 98-109.

Bei den folgenden Kugelfischarten handelt es sich um Meeresbewohner, deren Jungtiere in Mangrovenbereiche und Flussmündungen eindringen, dort die erste Phase ihrer Entwicklung erleben und, dort gefangen, als Süßwasserfische angeboten werden. Dementsprechend können diese Tiere auch nur für einen begrenzten Zeitraum im Süß- oder Brackwasseraquarium gehalten werden. Eine spätere Überführung in ein Seewasseraquarium ist unbedingt erforderlich. Bei der Anschaffung sollte auch berücksichtigt werden, dass alle diese Arten eine erhebliche Körpergröße erreichen. Erstaunlich ist die Beobachtung, dass sich einige Arten dieser Seewasserkugelfische (z.B. *Chelonodon patoca* und *Takifugu oblongus*) über längere Zeit wesentlich einfacher im Süßwasser halten lassen als manche Brackwasserkugelfischarten.

Arothron hispidus (LINNAEUS, 1758)
Weißfleckenkugelfisch

photo: S. Nakano / Archiv A.C.S.

Dieser Seewasserkugelfisch wird gelegentlich in größerer Stückzahl aus Sri Lanka eingeführt. Da sich die Tiere im Sammelbecken sehr träge verhalten und kaum gefüttert werden, befinden sie sich meist in einem erbärmlichen Zustand. Die Flossen sind oft bis auf blutige Stümpfe abgefressen, wodurch die Fische praktisch bewegungsunfähig sind. Es ist erstaunlich, wie schnell sich die Flossen bei Einzelhaltung regenerieren. Wiederhergestellte Tiere verhalten sich gegenüber anderen Aquarienmitbewohnern friedlich und zeigen auch kaum innerartliche Aggressivität. Bissverletzungen der Flossen treten bei gut genährten Tieren so gut wie nie auf.

Eine Pflege in reinem Süßwasser ist nicht zu empfehlen, dagegen ist die Haltung dieser Kugelfischart im Brackwasseraquarium über längere Zeit möglich. In der Futterannahme kommt es nicht zu Schwierigkeiten. Bevorzugtes Futter ist Muschelfleisch.

Vorkommen: Indopazifik (Rotes Meer, Ostafrika, Südjapan, Hawai, Asien, Mikronesien); Ostpazifik (Golf von Kalifornien bis Panama, Galapagos-Inseln).
In der Literatur angegebene Maximalgröße: 50 cm

Arothron immaculatus (BLOCH & SCHNEIDER, 1801)
Ungefleckter Kugelfisch

photo: K. Ebert

Arothron hispidus verletzen sich die Tiere dieser Art nur sehr selten, auch wenn sie über längere Zeit eng in großer Menge gehalten werden. Bei Haltung in kleinerer Stückzahl tritt jedoch eine starke artspezifische Aggressivität in Erscheinung, wobei es zu Bissverletzungen kommen kann. Die Aggression ist nur gegen die eigene Art gerichtet. Eine Vergesellschaftung mit anderen Kugelfischarten ist ohne weiteres möglich. Auch andere Fischarten können mit *Arothron immaculatus* zusammen gepflegt werden.

Diese Kugelfischart wird auf Grund seiner unscheinbaren Färbung (der einzig farbige Teil des Fisches ist die gelbe Schwanzflosse, die aber meist zusammengefaltet ist und oft noch seitlich an den Körper angelegt wird) und des schnellen Wachstums kaum bei den Aquarianern Anklang finden.

Vorkommen: Indopazifik (Rotes Meer, Ost- und Südafrika, Indonesien, Südjapan).
Lebt auf Seegraswiesen, im Mangrovenbereich und in den Flussmündungen.
In der Literatur angegebene Maximalgröße: 30 cm

Dieser Seewasserkugelfisch wird ebenfalls gelegentlich in größerer Stückzahl aus Sri Lanka importiert. Im Gegensatz zu

Vorübergehende Süßwasserhaltung ist möglich, für Dauerhaltung sollte jedoch ein größeres Seewasseraquarium zur Verfügung stehen.

Gefressen wird vorzugsweise Muschelfleisch.

Arothron manilensis (Marion de Procé, 1822)
Gestreifter Kugelfisch

photo: K. Ebert

Dieser Seewasserkugelfisch erinnert sehr an *Arothron immaculatus* und unterscheidet sich äußerlich von dieser Art lediglich durch die Längsstreifenzeichnung. Die Ähnlichkeit besteht auch im Verhalten und in den Pflegeansprüchen. Untereinander sind die Tiere unverträglich, gegenüber anderen Kugelfischarten und anderen Aquarienmitbewohnern jedoch friedlich.

Wie alle anderen *Arothron*-Arten zeigt auch diese Art keine Neigung, Flossen anderer Fische zu beschädigen.

Als Futter wird besonders gern Krebs-, Tintenfisch- und Muschelfleisch genommen.

Vorkommen: tropischer Westpazifik (Ryukyu-Inseln bis Australien).
Lebt küstennah im See- und Brackwasser und dringt in Flussmündungen ein.
In der Literatur angegebene Maximalgröße: 31 cm

Dieser leicht zu haltende, wenig aggressive und ansprechend gefärbte Kugelfisch könnte für den Brackwasseraquarianer interessant sein, wenn nicht bei guter Fütterung die schnelle Größenzunahme wäre.

Arothron reticularis (Bloch & Schneider, 1801)
Netzkugelfisch

photo: K. Ebert

Dieser sehr attraktive Seewasserkugelfisch befindet sich gelegentlich als Beifang in *Arothron hispidus*-Sendungen aus Sri Lanka. Im Gegensatz zu *Arothron hispidus* zeigen diese Kugelfische nur selten Flossenverletzungen, sie weisen jedoch häufig die typischen weißen Ringe auf der Körperhaut auf, die für Bisse durch andere Kugelfische kennzeichnend sind. Die Erklärung ergibt sich aus der großen innerartlichen Aggressivität. Bei gemeinsamer Pflege mehrerer Exemplare kommt es bei dieser Kugelfischart zu ständigen Verfolgungen und Beißereien, so dass man gezwungen ist, die Tiere zu trennen. Eine Vergesellschaftung mit Kugelfischen anderer Arten ist möglich.

Arothron reticularis entwickelt ein etwas stärkeres Raubfischverhalten als die anderen *Arothron*-Arten, ein Umstand, der bei Vergesellschaftungen mit anderen Fischarten berücksichtigt werden sollte.

Im Süßwasser gehaltene *Arothron reticularis* sind oft schmutzig grau verfärbt und zeigen meist nicht dieselbe Schwimmfreude wie Tiere, die im Brack- oder noch besser im Seewasseraquarium gehalten werden. Die attraktive, kontrastreiche

Vorkommen: Indowestpazifik (Ryukyu-Inseln, Philippinen, Indonesien, Sri Lanka).
Lebt in Seegraswiesen; Jungtiere dringen in die Mangrove und die Flussmündungen ein.
In der Literatur angegebene Maximalgröße: 40 cm

Netzzeichnung, die dem Fisch den Namen gab, tritt erst bei Haltung in salzhaltigem Wasser in Erscheinung.

Die Fische sind, was das Futter anbelangt, nicht wählerisch; bevorzugt wird Muschelfleisch.

Arothron stellatus (BLOCH & SCHNEIDER, 1801)
Riesenkugelfisch

photo: K. Ebert

Synonym: *Tetraodon aerostaticus* JENYNS 1842
Vorkommen: Indopazifik, Rotes Meer, Ostafrika,
Südostatlantik.
Lebt küstennah im See- und Brackwasser.
In der Literatur angegebene Maximalgröße: 120 cm

Dieser sehr groß werdende Seewasserkugelfisch zeigt als Jungtier eine attraktive Färbung und Zeichnung, die Anlass zum Erwerb dieser Fische sein könnten. Es ist aber zu bedenken, dass infolge der erreichbaren Körpergröße ein schnelles Wachstum stattfindet, und dass die Jungtiere sich Artgenossen und gelegentlich auch anderen Kugelfischarten gegenüber sehr aggressiv verhalten können. Außerdem stellen sie bei der schnellen Größenzunahme auch anderen Fischen gegenüber eine Gefahr dar.

Arothron stellatus ist nicht sehr schwimmfreudig und hält sich oft mit angewinkeltem Schwanz in Bodennähe auf. Besondere Pflegeansprüche werden nicht gestellt. Angriffe auf die Flossen anderer Fische finden nicht statt.

Die jungen Fische zeigen eine andere, wesentlich attraktivere Färbung als die großen Exemplare und wurden deswegen früher als eigene Art geführt (*Arothron aerostaticus*). Auf graubraunem bis graugrünem Grund ist die obere Körperhälfte gefleckt, während die untere Hälfte eine kontrastreiche Bänderzeichnung zeigt. Gelegentlich werden Tiere mit gelber und selten mit roter Grundfärbung importiert.

Durch ihre gedrungene Körperform machen die Fische einen bulligen Eindruck.
Die Fütterung erfolgt wie bei den anderen *Arothron*-Arten.

Chelonodon patoca (HAMILTON, 1822)
Asiatischer Papageikugelfisch

photo: F. Schäfer

Vorkommen: Indopazifik (Ost- und Südafrika, Madagaskar, Indien, Sri Lanka, Südostasien, China, Nordaustralien, Neuguinea).
Bevorzugt Küstengewässer, lebt im Meer, im Mangrovenbereich und dringt kilometerweit in Flüsse ein.
In der Literatur angegebene Maximalgröße: 30 cm

Es handelt sich hierbei um einen häufig aus Sri Lanka importierten Seewasserkugelfisch. Erstaunlich ist die gute Haltbarkeit dieses Meeresfisches im Süßwasser. Auch bei längerer Pflege in Süßwasser ist er oft weniger anfällig als mancher Brackwasserkugelfisch (z. B. *Tetraodon biocellatus*).

Wegen seines ungewöhnlichen Aussehens (seine eher kantige Körperform entspricht nicht ganz dem gewohnten Kugelfischschema) und seines interessanten Verhaltens (er hält sich eher in Bodennähe auf und vergräbt sich zeitweise im Sand) käme *Chelonodon patoca* durchaus als attraktiver Aquarienbewohner in Frage, wäre da nicht die ausgeprägte Neigung, Flossen anderer Fische durch Bisse zu verletzen.

Ich habe immer wieder diese Kugelfische angeschafft und jedesmal dieselbe Erfahrung gemacht: früher oder später setzt die Flossenbeißerei ein und hält dann ununterbrochen an. Abgesehen von dieser unangenehmen Eigenschaft verhält sich *Chelonodon patoca* Artgenossen und anderen Fischarten gegenüber friedlich. Alles für Kugelfische geeignete Futter wird problemlos akzeptiert.

Sphoeroides annulatus (Jenyns, 1842)
Geringelter Kugelfisch

photo: G. Allen

Vor Jahren wurde dieser Seewasserkugelfisch in größerer Stückzahl regelmäßig aus Kolumbien importiert. Diese Kugelfischart kann nur für einen begrenzten Zeitraum im Süßwasser gepflegt werden. Dagegen ist eine Haltung im Brackwasseraquarium längerfristig möglich.

Sphoeroides annulatus verhält sich Fischen der eigenen Art und anderer Arten gegenüber relativ friedlich. Flossenbeschädigungen treten gelegentlich auf, sind aber selten. Die Fische zeigen ein eher ruhiges Verhalten und vergraben sich zeitweise im Sand.

Vorkommen: Ostpazifik (Kalifornien bis Peru, Galapagos-Inseln). Lebt in Küstennähe; Jungtiere dringen in Flussmündungen ein. In der Literatur angegebene Maximalgröße: 44 cm

Die Rückenzeichnung der Tiere erinnert an *Tetraodon biocellatus*; die gestreckte Körperform und die schwarze Schwanzflosse unterscheiden diese beiden Arten aber deutlich. Bei längerer Haltung verliert sich leider der Kontrast der Rückenzeichnung. Alle Futterarten werden gern genommen.

Sphoeroides testudineus (Linnaeus, 1758)
Schildkrötenkugelfisch

photo: S. Nakano /Archiv A.C.S.

Dieser Seewasserkugelfisch, der als Jungtier die Mangrovenbereiche und Flussmündungen der mittel- und südamerikanischen Atlantikküste bewohnt, gelangt gelegentlich in den Aquarienfischhandel. Auch er zeigt, wie andere *Sphoeroides*-Arten, die Neigung, sich im Sand zu vergraben. Untereinander besteht oft Unverträglichkeit, einer Vergesellschaftung mit anderen Fischarten steht aber nichts im Wege. Die Eigenschaft, Flossen anderer Fische zu beschädigen, wurde nicht festgestellt.

Vorkommen: Westatlantik (USA (Rhode-Island), Bermuda, südlicher Golf von Mexiko, Karibik, Brasilien). Lebt küstennah in Seegraswiesen und im Mangrovenbereich. In der Literatur angegebene Maximalgröße: 39 cm

Auch bei dieser Art ist eine Süßwasserhaltung nur kurzfristig möglich. Der Aquarianer, der sich diesen attraktiven Kugelfisch anschafft, sollte über ein Seewasseraquarium verfügen. Die Ernährung ist unproblematisch.

Küstenlandschaft in Costa Rica, Lebensraum von Sphoeroides testudineus.

photo: K. Ebert

Takifugu oblongus (BLOCH, 1786)
Keulenkugelfisch oder Sattelbindenkugelfisch

photo: S. Nakano/ Archiv A.C.S.

Synonym: *Sphoeroides oblongus* (BLOCH, 1786)

Vorkommen: von der Ostküste Südafrikas über Indonesien bis Australien.
Lebt im Flachwasser der Küsten und im Mangrovenbereich.
In der Literatur angegebene Maximalgröße: 40 cm

Dieser häufig aus Sri Lanka und Indien importierte Seewasserkugelfisch fällt durch sein lebhaftes Wesen auf. Die Fische schwimmen fast ständig in einer für Kugelfische ungewohnten Geschwindigkeit im oberen Teil des Aquariums umher. Nur gelegentlich begeben sich die Tiere auf den Aquariumboden und ruhen sich für kurze Zeit im Sand vergraben aus. Das lebhafte Spiel der Augen lässt schon vermuten, dass sich die Fische auf Futtersuche befinden. Durch den ständigen Hunger und ihre Fressgier werden sie zu einer Gefahr für die übrigen Aquarienmitbewohner. Auch kleinste Exemplare dieser Art fallen größere Fische an und verbeißen sich in ihnen. Der Angriff erfolgt im allgemeinen von oben und wird überraschend und schnell ausgeführt.

Ein Schwarm größerer Silberflossenblätter (*Monodactylus*) schwamm kurze Zeit nach Einbringen dieser Kugelfische verängstigt mit blutig gebissenen Rückenflossen im Aquarium umher. Trotz der Wendigkeit der verletzten Fische kamen die angreifenden *Takifugu* immer wieder zum Erfolg. Untereinander verhält sich diese Kugelfischart friedlich.

Diese Fische sind im Süßwasser erstaunlich gut haltbar. Sie sind bei guter Fütterung mit Muschelfleisch sehr schnellwüchsig. Eine spätere Überführung in Brack- oder Seewasser ist notwendig.

Eine Vergesellschaftung mit anderen Fischarten ist aus obengenannten Gründen problematisch.

Takifugu ocellatus (LINNAEUS, 1758)
Augenfleckkugelfisch

photo: S. Nakano / Archiv A.C.S.

Vorkommen: Südostchina
Lebt an der Küste und in den Unterläufen der Flüsse
In der Literatur angegebene Maximalgröße: 15 cm

Dieser ausgesprochen hübsche Seewasserkugelfisch wurde aus China importiert. Er ist schwimmfreudig und weder flossenbissig noch innerartlich aggressiv. Leider erwies er sich in der Haltung als heikel.

Länger dauernde Beobachtungen liegen noch nicht vor.

Es ist zu hoffen, dass diese attraktive Kugelfischart bald wieder importiert wird, damit die optimalen Pflegebedingungen erkundet werden können, und um interessierten Aquarianern den Versuch einer Nachzucht dieser schönen Fische zu ermöglichen.

Süßwasserkugelfische aus Afrika
Freshwater Puffers from Africa

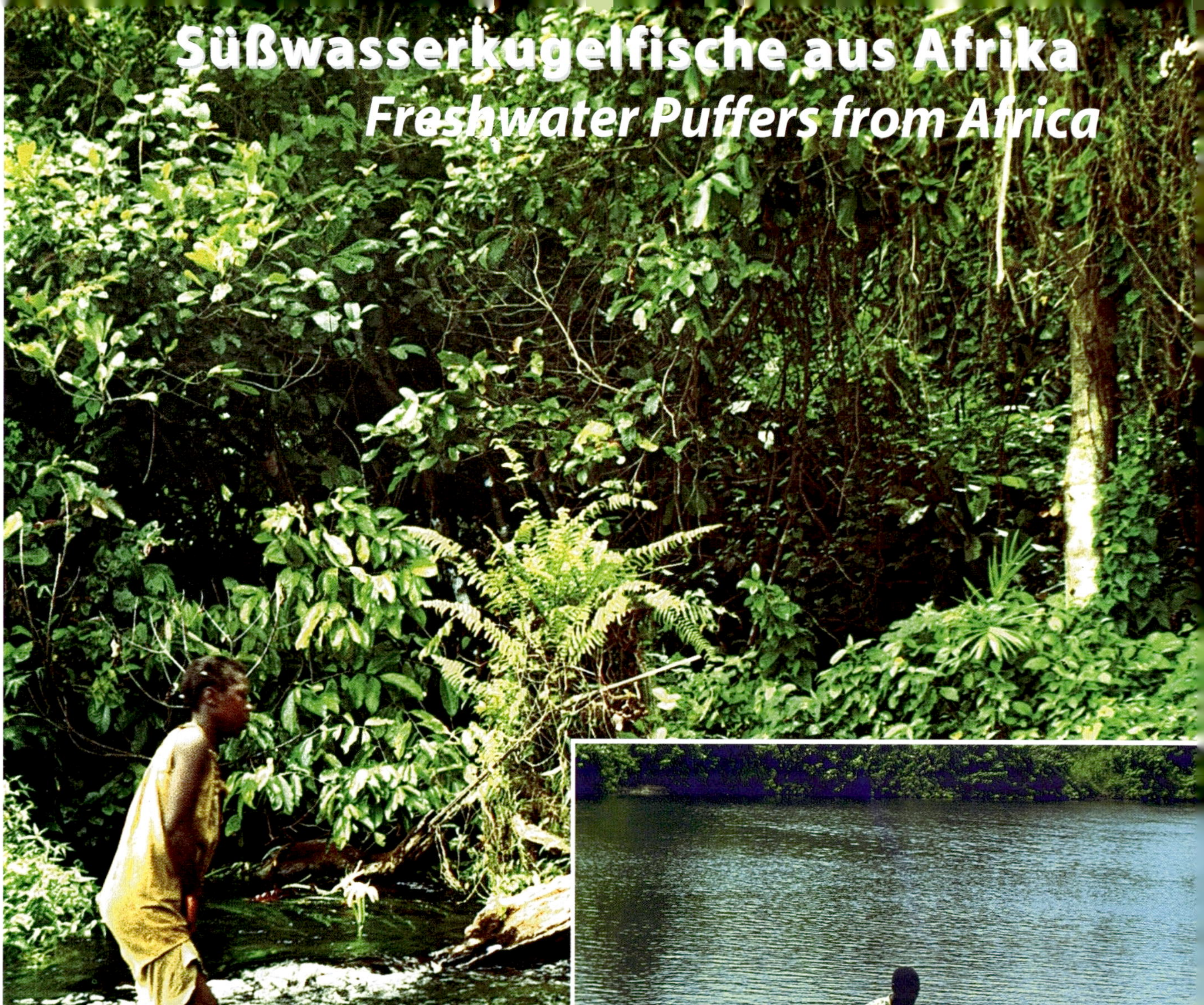

Photo: K. Ebert

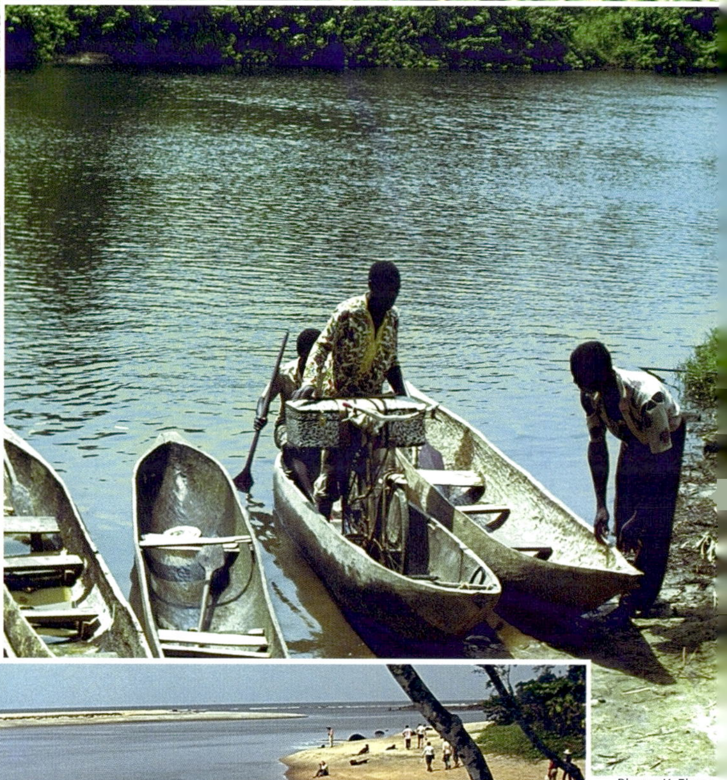

Photo: K. Ebert

Photo: K. Ebert

Lebensräume der Süßwasserkugelfische in Westafrika.
Habitats of freshwater puffers in West-Africa.

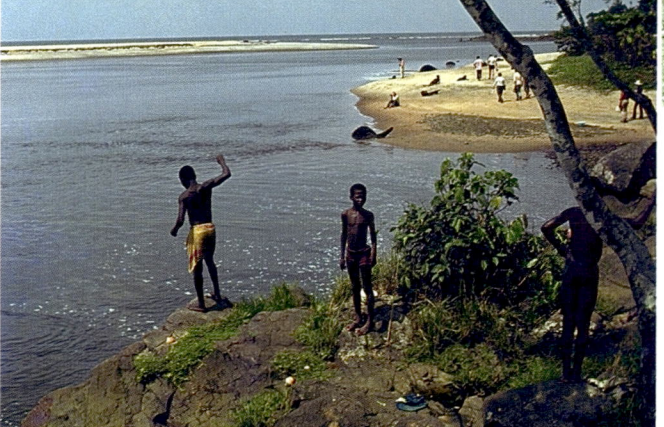

A90760-4 *Tetraodon duboisi* POLL, 1959
Wabenkugelfisch / Dubois´ Freshwater Puffer
Africa: Kinshasa, Stanley Pool, Dem. Rep. Congo, W, 9 cm
Photo: S. Nakano / Archiv A.C.S.

A90800-1 *Tetraodon lineatus* LINNAEUS, 1758
Nilkugelfisch / Coral Butterfly   Africa: Nile,
Chad basin, Niger, Volta, Gambia, Geba and Sénégal Rivers, W, 43 cm
Photo: F. Schäfer

A90800-2 *Tetraodon lineatus* LINNAEUS, 1758
Nilkugelfisch / Coral Butterfly   Africa: Nile,
Chad basin, Niger, Volta, Gambia, Geba and Sénégal Rivers, W, 43 cm
Photo: F.Teigler / Archiv A.C.S.

A90800-2 *Tetraodon lineatus* LINNAEUS, 1758
Nilkugelfisch / Coral Butterfly   Africa: Nile,
Chad basin, Niger, Volta, Gambia, Geba and Sénégal Rivers, W, 43 cm
Photo: F.Teigler / Archiv A.C.S.

A90800-2 *Tetraodon lineatus* LINNAEUS, 1758
Nilkugelfisch / Coral Butterfly   Africa: Nile,
Chad basin, Niger, Volta, Gambia, Geba and Sénégal Rivers, W, 43 cm
Photo: E. Schraml / Archiv A.C.S.

A90800-2 *Tetraodon lineatus* LINNAEUS, 1758
Nilkugelfisch / Coral Butterfly   Africa: Nile,
Chad basin, Niger, Volta, Gambia, Geba and Sénégal Rivers, W, 43 cm
Photo: E. Schraml / Archiv A.C.S.

A90800-3 *Tetraodon lineatus* LINNAEUS, 1758
Nilkugelfisch / Coral Butterfly   Africa: Nile,
Chad basin, Niger, Volta, Gambia, Geba and Sénégal Rivers, W, 43 cm
Photo: S. Nakano / Archiv A.C.S.

A90800-4 *Tetraodon lineatus* LINNAEUS, 1758
Nilkugelfisch / Coral Butterfly   Africa: Nile,
Chad basin, Niger, Volta, Gambia, Geba and Sénégal Rivers, W, 43 cm
Photo: F.Teigler / Archiv A.C.S.

A90800-4 *Tetraodon lineatus* LINNAEUS, 1758

Nilkugelfisch / Coral Butterfly   Africa: Nile, Chad basin, Niger, Volta, Gambia, Geba and Sénégal Rivers, W, 43 cm

Aquarium imports come all from the Niger basin in Nigeria and Cameroon, where the (invalid?) subspecies *T. l. strigosus* BENNETT ,1834 occurs.

Photo: F. Schäfer

A90800-4 *Tetraodon lineatus* LINNAEUS, 1758

Nilkugelfisch / Coral Butterfly   Africa: Nile,
Chad basin, Niger, Volta, Gambia, Geba and Sénégal Rivers, W, 43 cm

Photo: F. Schäfer

A90800-4 *Tetraodon lineatus* LINNAEUS, 1758

Nilkugelfisch / Coral Butterfly   Africa: Nile,
Chad basin, Niger, Volta, Gambia, Geba and Sénégal Rivers, W, 43 cm

Photo: F. Schäfer

A90700-4 *Tetraodon lineatus* LINNAEUS, 1758

Nil-Kugelfisch / Coral Butterfly   (described as subspecies *T. l. rudolf-ianus* DERANIYAGALA, 1948): Lake Turkana (=L. Rudolf), Kenya, W, 7 cm

Photo: L. Seegers

A90801-4 *Tetraodon lineatus* LINNAEUS, 1758

Nil-Kugelfisch / Coral Butterfly

Afrika: Nile (preserved specimen; almost extinct in the Nile), W, 43 cm
Specimen kindly provided by the University of Khartoum   Photo: K. Ebert

A90820-2 *Tetraodon mbu* BOULENGER, 1899, juvenil
Goldringelkugelfisch, Kongokugelfisch / Gold Ringed Puffer
Africa: Lake Tanganyika and Congo basin, W, 67 cm
Photo: K. Ebert

A90820-3 *Tetraodon mbu* BOULENGER, 1899
Manchmal gelingt es, *T. mbu* in Gruppen zu pflegen.
Sometimes it is possible to keep *T. mbu* in groups.
Photo: K. Ebert

A90820-3 *Tetraodon mbu* BOULENGER, 1899
Goldringelkugelfisch, Kongokugelfisch / Gold Ringed Puffer
Africa: Lake Tanganyika and Congo basin, W, 67 cm
Photo: E. Schraml / Archiv A.C.S.

A90820-3 *Tetraodon mbu* BOULENGER, 1899
Goldringelkugelfisch, Kongokugelfisch / Gold Ringed Puffer
Africa: Lake Tanganyika and Congo basin, W, 67 cm
Photo: E. Schraml / Archiv A.C.S.

A90820-3 *Tetraodon mbu* BOULENGER, 1899
Goldringelkugelfisch, Kongokugelfisch / Gold Ringed Puffer
Africa: Lake Tanganyika and Congo basin, W, 67 cm
Photo: E. Schraml / Archiv A.C.S.

A90820-3 *Tetraodon mbu* BOULENGER, 1899
Goldringelkugelfisch, Kongokugelfisch / Gold Ringed Puffer
Africa: Lake Tanganyika and Congo basin, W, 67 cm
Photo: J. Pinhard / Archiv A.C.S.

A90820-4 *Tetraodon mbu* BOULENGER, 1899
Goldringelkugelfisch, Kongokugelfisch / Gold Ringed Puffer
Africa: Lake Tanganyika and Congo basin, W, 67 cm
Photo: F. Teigler / Archiv A.C.S.

A90820-4 *Tetraodon mbu* BOULENGER, 1899
Goldringelkugelfisch, Kongokugelfisch / Gold Ringed Puffer
Africa: Lake Tanganyika and Congo basin, W, 67 cm
Photo: F. Teigler / Archiv A.C.S.

A90820-5 *Tetraodon mbu* BOULENGER, 1899
Goldringelkugelfisch, Kongokugelfisch / Gold Ringed Puffer
Africa: Lake Tanganyika and Congo basin, W, 67 cm

▷ ♬ ◑ ☺ ⊞ 🐟 ➜ ⚠ 𝄫

Photo: H. Morche

A90820-5 *Tetraodon mbu* BOULENGER, 1899
Goldringelkugelfisch, Kongokugelfisch / Gold Ringed Puffer
Africa: Lake Tanganyika and Congo basin, W, 67 cm

▷ ♬ ◑ ☺ ⊞ 🐟 ➜ ⚠ 𝄫

Photo: H. Morche

A90820-4 *Tetraodon mbu* BOULENGER, 1899
Goldringelkugelfisch, Kongokugelfisch / Gold Ringed Puffer
Africa: Lake Tanganyika and Congo basin, W, 67 cm
▷ ₿ ◑ ☺ ⊞ 🔜 ➤ ⚠ 🗷
Photo: S. Nakano/ Archiv A.C.S.

A90820-4 *Tetraodon mbu* BOULENGER, 1899
Goldringelkugelfisch, Kongokugelfisch / Gold Ringed Puffer
Africa: Lake Tanganyika and Congo basin, W, 67 cm
▷ ₿ ◑ ☺ ⊞ 🔜 ➤ ⚠ 🗷
Photo: H. Migge / Archiv A.C.S.

A90841-2 *Tetraodon miurus* BOULENGER, 1902, red variety
Kongo Kofferkugelfisch / Red-brown Congo Puffer
Africa: Congo basin, W, 15 cm
▷ ₿ ◑ ☺ ⊗ ⬇ 🔜 ➤ ⚠ 🔲
Photo: F. Teigler / Archiv A.C.S.

A90841-2 *Tetraodon miurus* BOULENGER, 1902, red variety
Kongo Kofferkugelfisch / Red-brown Congo Puffer
Africa: Congo basin, W, 15 cm
▷ ₿ ◑ ☺ ⊗ ⬇ 🔜 ➤ ⚠ 🔲
Photo: F. Teigler / Archiv A.C.S.

A90841-3 *Tetraodon miurus* BOULENGER, 1902, red variety
Kongo Kofferkugelfisch / Red-brown Congo Puffer
Africa: Congo basin, W, 15 cm
▷ ₿ ◑ ☺ ⊗ ⬇ 🔜 ➤ ⚠ 🔲
Photo: F. Schäfer

A90841-3 *Tetraodon miurus* BOULENGER, 1902, red variety
Kongo Kofferkugelfisch / Red-brown Congo Puffer
Africa: Congo basin, W, 15 cm

▷🄱◑☺☹⬇️🖼🐛➡ ⚠🅼
Photo: E. Schraml / Archiv A.C.S.

A90841-3 *Tetraodon miurus* BOULENGER, 1902, red variety
Kongo Kofferkugelfisch / Red-brown Congo Puffer
Africa: Congo basin, W, 15 cm

▷🄱◑☺☹⬇️🖼🐛➡ ⚠🅼
Photo: E. Schraml / Archiv A.C.S.

A90843-2 *Tetraodon miurus* BOULENGER, 1902, brown variety
Kongo Kofferkugelfisch / Red-brown Congo Puffer
Africa: Congo basin, W, 15 cm

▷🄱◑☺☹⬇️🖼🐛➡ ⚠🅼
Photo: F. Teigler / Archiv A.C.S.

A90843-2 *Tetraodon miurus* BOULENGER, 1902, brown variety
Kongo Kofferkugelfisch / Red-brown Congo Puffer
Africa: Congo basin, W, 15 cm

▷🄱◑☺☹⬇️🖼🐛➡ ⚠🅼
Photo: F. Teigler / Archiv A.C.S.

A90843-2 *Tetraodon miurus* BOULENGER, 1902, brown variety
Kongo Kofferkugelfisch / Red-brown Congo Puffer
Africa: Congo basin, W, 15 cm

▷🄱◑☺☹⬇️🖼🐛➡ ⚠🅼
Photo: F. Teigler / Archiv A.C.S.

A90843-3 *Tetraodon miurus* BOULENGER, 1902, brown variety
Kongo Kofferkugelfisch / Red-brown Congo Puffer
Africa: Congo basin, W, 15 cm

▷🄱◑☺☹⬇️🖼🐛➡ ⚠🅼
Photo: E. Schraml / Archiv A.C.S.

A90843-3 *Tetraodon miurus* BOULENGER, 1902, brown variety
Kongo Kofferkugelfisch / Red-brown Congo Puffer
Africa: Congo basin, W, 15 cm

▷🄱◑☺☹⬇️🖼🐛➡ ⚠🅼
Photo: E. Schraml / Archiv A.C.S.

A90843-3 *Tetraodon miurus* BOULENGER, 1902, brown variety
Kongo Kofferkugelfisch / Red-brown Congo Puffer
Africa: Congo basin, W, 15 cm

▷🄱◑☺☹⬇️🖼🐛➡ ⚠🅼
Photo: E. Schraml / Archiv A.C.S.

A90840-3 *Tetraodon miurus* Boulenger, 1902, grey variety
Kongo Kofferkugelfisch / Red-brown Congo Puffer
Africa: Congo basin, W, 15 cm
 Photo: S. Nakano/ Archiv A.C.S.

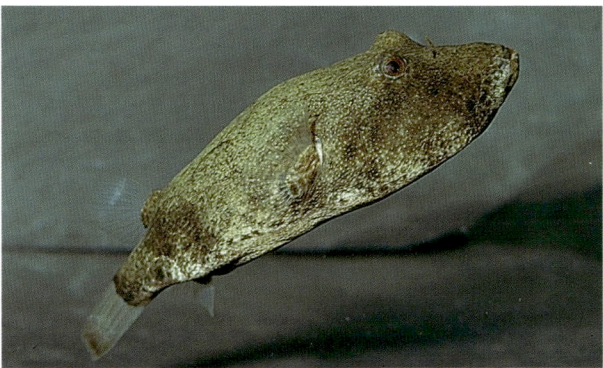

A90840-3 *Tetraodon miurus* Boulenger, 1902, grey variety
Kongo Kofferkugelfisch / Red-brown Congo Puffer
Africa: Congo basin, W, 15 cm
Photo: E. Schraml / Archiv A.C.S.

A90840-3 *Tetraodon miurus* Boulenger, 1902, grey variety
Kongo Kofferkugelfisch / Red-brown Congo Puffer
Africa: Congo basin, W, 15 cm
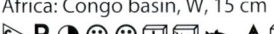 Photo: H. Migge / Archiv A.C.S.

A90842-3 *Tetraodon miurus* Boulenger, 1902, black variety
Kongo Kofferkugelfisch / Red-brown Congo Puffer
Africa: Congo basin, W, 15 cm
Photo: F. Schäfer

A90842-3 *Tetraodon miurus* Boulenger, 1902, black variety
Kongo Kofferkugelfisch / Red-brown Congo Puffer
Africa: Congo basin, W, 15 cm
 Photo: F. Schäfer

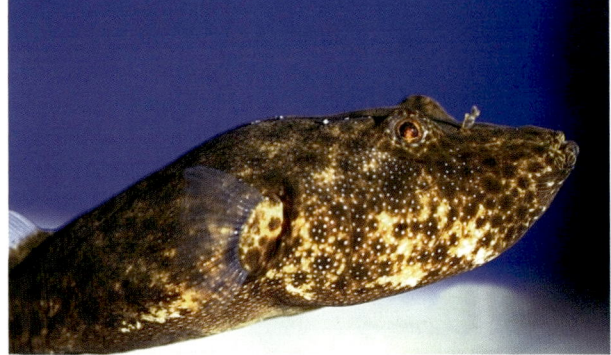

A90842-3 *Tetraodon miurus* Boulenger, 1902, black variety
Kongo Kofferkugelfisch / Red-brown Congo Puffer
Africa: Congo basin, W, 15 cm
Photo: F. Schäfer

A90844-2 *Tetraodon miurus* Boulenger, 1902, marbled variety
Kongo Kofferkugelfisch / Red-brown Congo Puffer
Africa: Congo basin, W, 15 cm
Photo: F. Teigler / Archiv A.C.S.

A90844-2 *Tetraodon miurus* Boulenger, 1902, marbled variety
Kongo Kofferkugelfisch / Red-brown Congo Puffer
Africa: Congo basin, W, 15 cm
Photo: F. Teigler / Archiv A.C.S.

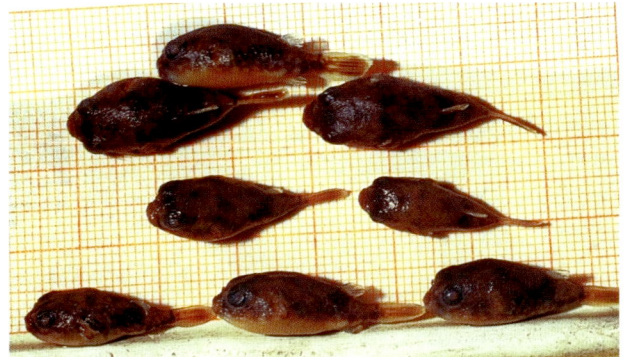

A90740-2 *Tetraodon pustulatus* MURRAY, 1857
Cross River Kugelfisch / Cross River Puffer
Africa: Cameroon, Cross River (near Mamfe), W, 36 cm
Specimens from Musée royal de l'Afrique centrale: 88-53-P-547-555   Photo: F. Schäfer

A90740-4 *Tetraodon pustulatus* MURRAY, 1857
Cross River Kugelfisch / Cross River Puffer
Africa: Cameroon, Cross River (near Mamfe), W, 36 cm
Specimen from Musée royal de l'Afrique centrale: 88-53-P-547-555   Photo: F. Schäfer

A90860-4 *Tetraodon schoutedeni* PELLEGRIN, 1926
Leopardkugelfisch / Leopard Puffer
Africa: Congo basin, W, 9 cm
▷ ⌨ ◑ ☺ ⊞ 🖾 ➨ ⚠ m̄   Photo: H. J. Mayland / Archiv A.C.S.

A90860-4 *Tetraodon schoutedeni* PELLEGRIN, 1926
Leopardkugelfisch / Leopard Puffer
Africa: Congo basin, W, 9 cm
▷ ⌨ ◑ ☺ ⊞ 🖾 ➨ ⚠ m̄   Photo: H. J. Mayland / Archiv A.C.S.

A90860-4 *Tetraodon schoutedeni* PELLEGRIN, 1926
Leopardkugelfisch / Leopard Puffer
Africa: Congo basin, W, 9 cm
▷ ⌨ ◑ ☺ ⊞ 🖾 ➨ ⚠ m̄   Photo: K. Ebert

Photo: K. Ebert

Oben: Aufgeblasener *Arothron hispidus*, der von jungen Thailändern im angrenzenden Bach gefangen wurde.
Links: Lebensraum von *Tetraodon cutcutia* in Indien (Ichamati, Bengalen).

Above: A blown up Arothron hispidus, *actually caught by the young Thais.*
Left: Habitat of Tetraodon cutcutia *in India (Ichamati river, Bengal).*

Photo: F. Schäfer

X39430-4 *Auriglobus amabilis* (ROBERTS, 1982)
Hübscher Goldkugelfisch / Lovely Golden Puffer
Indonesia: Kalimantan (=Borneo), Kapuas river basin, W, 7 cm
Specimen CMK 11783, 50,6 mm SL   Photo: M. Kottelat

X39440-4 *Auriglobus modestus* (BLEEKER, 1851)
Goldkugelfisch / Golden Puffer
Indonesia, Malaysia, Thailand, W, 11 cm (specimen from S-Thailand)
▷ ♬ ○ ☺ ⊞ 🖼 ➡ ⚠ 🔳   Photo: H. Bader.

X39440-4 *Auriglobus nefastus* (ROBERTS, 1982)
Flaschengrüner Goldkugelfisch / Greenbottle Pufferfish
Malaysia: Johor, Sg. Kahang, W, 13 cm
▷ ♬ ○ ☺ ⊞ 🖼 ➡ ⚠ 🔳   Photo: H. H. Tan

X39440-4 *Auriglobus nefastus* (ROBERTS, 1982)
Flaschengrüner Goldkugelfisch / Greenbottle Pufferfish
Laos to Indonesia, W, 13 cm
▷ ♬ ○ ☺ ⊞ 🖼 ➡ ⚠ 🔳   Specimen CMK 10507   Photo: M. Kottelat

X39437-4 *Auriglobus remotus* (ROBERTS, 1982)
Nordborneensischer Goldkugelfisch / Northbornean Golden Puffer
Sabah (=Borneo), Sg. Malua, W, 6,5 cm (specimen above: 46,5 mm)
▷ ♬ ○ ☺ ⊞ 🖼 ➡ ⚠ 🔳   Photo: M. Kottelat

X39437-4 *Auriglobus remotus* (ROBERTS, 1982)
Nordborneensischer Goldkugelfisch / Northbornean Golden Puffer
Malaysia: Sarawak (=Borneo)northern river basins, W, 6,5 cm
Specimen FMNH 68475, 56,6 mm SL   Photo: M. Kottelat

X39435-4 *Auriglobus silus* (ROBERTS, 1982)
Gestreckter Goldkugelfisch / Elongated Golden Puffer
Malaysia: Sarawak (= Borneo), central parts, W, 8,5 cm
▷ ♬ ○ ☺ ⊞ 🖼 ➡ ⚠ 🔳   Photo: F. Schäfer

X39435-4 *Auriglobus silus* (ROBERTS, 1982)
Gestreckter Goldkugelfisch / Elongated Golden Puffer
Malaysia: Sarawak (= Borneo), central parts, W, 8,5 cm
▷ ♬ ○ ☺ ⊞ 🖼 ➡ ⚠ 🔳   Photo: F. Schäfer

X39435-4 *Auriglobus silus* (ROBERTS, 1982)
Gestreckter Goldkugelfisch / Elongated Golden Puffer
Malaysia: Sarawak (= Borneo), central parts, W, 8,5 cm
▷ ♨ ○ ☺ 田 🐟 ➡ ⚠ 🔟   Photo: Sch. Nakano / Archiv A.C.S.

X39435-4 *Auriglobus silus* (ROBERTS, 1982)
Gestreckter Goldkugelfisch / Elongated Golden Puffer
Malaysia: Sarawak (= Borneo), central parts, W, 8,5 cm
▷ ♨ ○ ☺ 田 🐟 ➡ ⚠ 🔟   Photo: F. Schäfer

X39438-3 *Auriglobus silus* (ROBERTS, 1982)
Gestreckter Goldkugelfisch / Elongated Golden Puffer
Malaysia: Sarawak (= Borneo), central parts, W, 8,5 cm
Specimen FMNH 94598, 54,2 mm SL   Photo: M. Kottelat

X64106-4 *Carinotetraodon borneensis* Regan, 1903
Borneo-Kammkugelfisch / Bornean Redeye Puffer
Malaysia: Sarawak (= Borneo), southern part, W, 5 cm
♂ specimen: ZRC 41838; 33,8 mm SL   Photo: H. H. Tan

X64106-4 *Carinotetraodon borneensis* Regan, 1903
Borneo-Kammkugelfisch / Bornean Redeye Puffer
Malaysia: Sarawak (= Borneo), southern part, W, 5 cm
♂ specimen: ZRC 41838; 33,8 mm SL   Photo: H. H. Tan

X91112-3 *Carinotetraodon imitator* BRITZ & KOTTELAT, 1999
Falscher Zwergkugelfisch / Imitating Dwarf Puffer
India: Kerala, W, 2,5 cm
♂ ▷ ♨ ○ ☺ 田 🐟 ➡ ⚠ 🅂   Photo: F. Teigler / Archiv A.C.S.

X91112-3 *Carinotetraodon imitator* BRITZ & KOTTELAT, 1999
Falscher Zwergkugelfisch / Imitating Dwarf Puffer
India: Kerala, W, 2,5 cm
♂ ♀ ▷ ♨ ○ ☺ 田 🐟 ➡ ⚠ 🅂   Photo: S. Nakano / Archiv A.C.S.

X91112-3 *Carinotetraodon imitator* BRITZ & KOTTELAT, 1999
Falscher Zwergkugelfisch / Imitating Dwarf Puffer
India: Kerala, W, 2,5 cm
♀ ▷ ♨ ○ ☺ 田 🐟 ➡ ⚠ 🅂   Photo: F. Teigler / Archiv A.C.S.

X91112-4 *Carinotetraodon imitator* Britz & Kottelat, 1999
Falscher Zwergkugelfisch / Imitating Dwarf Puffer
India: Kerala, W, 2,5 cm
♂ ▷ ♫ ○ ☺ ⊞ 🖾 ⇥ ⚠ Ⓢ
Photo: E. Schraml / Archiv A.C.S.

X91112-4 *Carinotetraodon imitator* Britz & Kottelat, 1999
Falscher Zwergkugelfisch / Imitating Dwarf Puffer
India: Kerala, W, 2,5 cm
♀ ▷ ♫ ○ ☺ ⊞ 🖾 ⇥ ⚠ Ⓢ
Photo: E. Schraml / Archiv A.C.S.

X91113-4 *Carinotetraodon irrubesco* Tan, 1999
Rotschwanz-Kammkugelfisch / Redtailed Redeye Puffer
Indonesia: Sumatra (Banjuasin basin), Kalimantan (Sambas river), W, 5 cm
♂ ▷ ♫ ◐ ☺ ⊞ 🖾 ⇥ ⚠ Ⓜ
Photo: F. Schäfer

X91113-4 *Carinotetraodon irrubesco* Tan, 1999
Rotschwanz-Kammkugelfisch / Redtailed Redeye Puffer
Indonesia: Sumatra (Banjuasin basin), Kalimantan (Sambas river), W, 5 cm
♂ ▷ ♫ ◐ ☺ ⊞ 🖾 ⇥ ⚠ Ⓜ
Photo: F. Schäfer

X91113-4 *Carinotetraodon irrubesco* Tan, 1999
Rotschwanz-Kammkugelfisch / Redtailed Redeye Puffer
Indonesia: Sumatra (Banjuasin basin), Kalimantan (Sambas river), W, 5 cm
♀ ▷ ♫ ◐ ☺ ⊞ 🖾 ⇥ ⚠ Ⓜ
Photo: F. Schäfer

X91113-4 *Carinotetraodon irrubesco* Tan, 1999
Rotschwanz-Kammkugelfisch / Redtailed Redeye Puffer
Indonesia: Sumatra (Banjuasin basin), Kalimantan (Sambas river), W, 5 cm
♀ ▷ ♫ ◐ ☺ ⊞ 🖾 ⇥ ⚠ Ⓜ
Photo: F. Schäfer

X91113-5 *Carinotetraodon irrubesco* Tan, 1999
Rotschwanz-Kammkugelfisch / Redtailed Redeye Puffer
Indonesia: Sumatra (Banjuasin basin), Kalimantan (Sambas river), W, 5 cm
♂ ▷ ♫ ◐ ☺ ⊞ 🖾 ⇥ ⚠ Ⓜ
Photo: F. Teigler / Archiv A.C.S.

X91113-5 *Carinotetraodon irrubesco* Tan, 1999
Rotschwanz-Kammkugelfisch / Redtailed Redeye Puffer
Indonesia: Sumatra (Banjuasin basin), Kalimantan (Sambas river), W, 5 cm
♀ ▷ ♫ ◐ ☺ ⊞ 🖾 ⇥ ⚠ Ⓜ
Photo: F. Teigler / Archiv A.C.S.

X91115-4 *Carinotetraodon lorteti* (TIRANT, 1858)
Kammkugelfisch / Crested Puffer
Thailand (these specimens), Laos, Cambodia, Vietnam, Malaysia, W, 5,5 cm
▷ ⚑ ◑ ☺ ⊞ 🖼 🐟 ⚠ 🅜

Portrait eines Männchens.
Portrait of a male.

Carinotetraodon lorteti (TIRANT, 1858)
Männchen, beginnende Balzstimmung.
Male, beginnig courtship.

Carinotetraodon lorteti (TIRANT, 1858)
Laichreifes Weibchen.
Female, the belly is swallen with eggs.

Carinotetraodon lorteti (TIRANT, 1858)
Laterale Balz, im Vordergrund das Männchen.
Lateral courtship, the male is in the foreground.

Carinotetraodon lorteti (TIRANT, 1858)
Man beachte die aufgerichteten Knochenkämme des Männchens (links).
The erected bone-ridges of the male (left) are clearly visible.

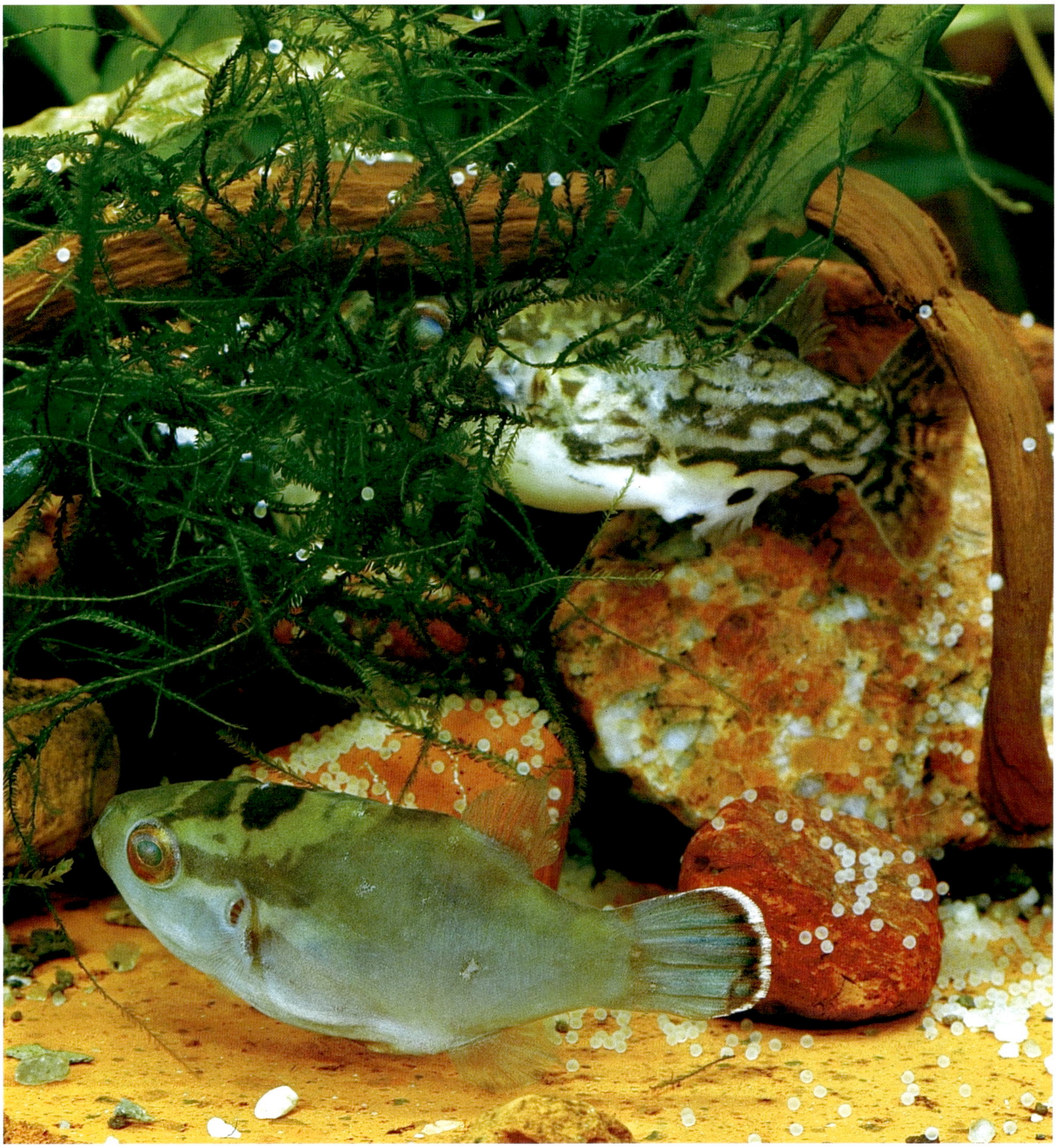

Carinotetraodon lorteti (TIRANT, 1858)
Eiablage.
Spawning.

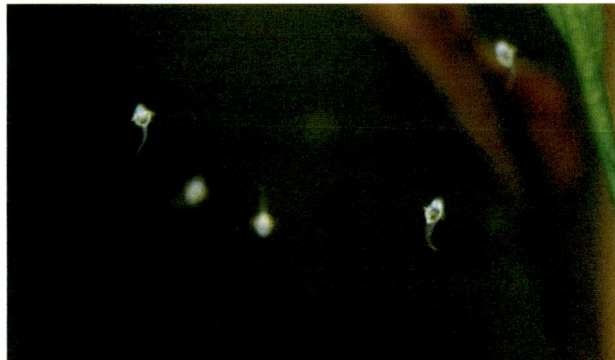

Carinotetraodon lorteti (TIRANT, 1858)
Frischgeschlüpfte Jungfische.
Newly hatched offspring.

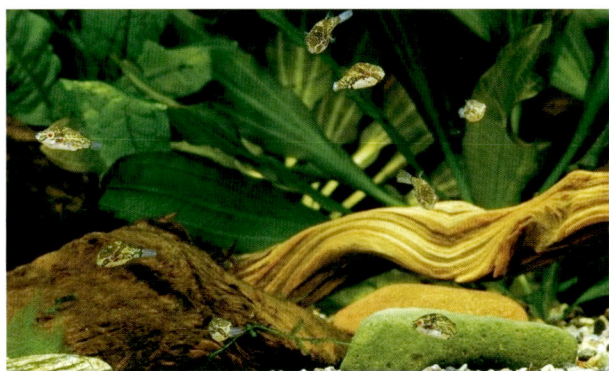

Carinotetraodon lorteti (TIRANT, 1858)
Jungfische, 6 Wochen alt.
Young puffers, 6 weeks old.

Photos: H. J. Richter

X91115-4 *Carinotetraodon lorteti* (Tɪʀᴀɴᴛ, 1858)
Kammkugelfisch / Crested Puffer
Thailand (these specimens), Laos, Cambodia, Vietnam, Malaysia, W, 5,5 cm
♂ ♀ ▷ ♫ ◑ ☺ ⊞ ▭ ➤ ⚠ ▥ Photo: D. Bork

X91115-4 *Carinotetraodon lorteti* (Tɪʀᴀɴᴛ, 1858)
Kammkugelfisch / Crested Puffer
Thailand (these specimens), Laos, Cambodia, Vietnam, Malaysia, W, 5,5 cm
♂ ♀ ▷ ♫ ◑ ☺ ⊞ ▭ ➤ ⚠ ▥ Photo: D. Bork

X91118-4 *Carinotetraodon salivator* Lɪᴍ & Koᴛᴛᴇʟᴀᴛ, 1995
Streifen-Kammkugelfisch / Striped Redeye Puffer
Malaysia: Sarawak (= Borneo), W, 5 cm
♂ ▷ ♫ ◑ ☺ ⊞ ▭ ➤ ⚠ ▥ Photo: S. Nakano

X91118-4 *Carinotetraodon salivator* Lɪᴍ & Koᴛᴛᴇʟᴀᴛ, 1995
Streifen-Kammkugelfisch / Striped Redeye Puffer
Malaysia: Sarawak (=Borneo), Serian, W, 5 cm
♀ ▷ ♫ ◑ ☺ ⊞ ▭ ➤ ⚠ ▥ Photo: H. H. Tan

X91118-4 *Carinotetraodon salivator* Lɪᴍ & Koᴛᴛᴇʟᴀᴛ, 1995
Streifen-Kammkugelfisch / Striped Redeye Puffer
Malaysia: Sarawak (=Borneo), Bau-Lundu, W, 5 cm
♂ ▷ ♫ ◑ ☺ ⊞ ▭ ➤ ⚠ ▥ Photo: H. H. Tan

X91118-4 *Carinotetraodon salivator* Lɪᴍ & Koᴛᴛᴇʟᴀᴛ, 1995
Streifen-Kammkugelfisch / Striped Redeye Puffer
Malaysia: Sarawak (=Borneo), Bau-Lundu, W, 5 cm
♀ ▷ ♫ ◑ ☺ ⊞ ▭ ➤ ⚠ ▥ Photo: H. H. Tan

X64105-4 *Carinotetraodon travancoricus* (Hoʀᴀ & Nᴀɪʀ, 1941)
Zwergkugelfisch, Erbsenkugelfisch / Dwarf Puffer
South India: Travancore, Kerala (imports come from there), W, 2,5 cm
♂ ▷ ♫ ○ ☺ ⊞ ▭ ➤ ⚠ ⒮ Photo: F. Schäfer

X64105-4 *Carinotetraodon travancoricus* (Hoʀᴀ & Nᴀɪʀ, 1941)
Zwergkugelfisch, Erbsenkugelfisch / Dwarf Puffer
South India: Travancore, Kerala (imports come from there), W, 2,5 cm
♀ ▷ ♫ ○ ☺ ⊞ ▭ ➤ ⚠ ⒮ Photo: F. Schäfer

X64105-4 *Carinotetraodon travancoricus* (HORA & NAIR, 1941)
Zwergkugelfisch, Erbsenkugelfisch / Dwarf Puffer
South India: Travancore, Kerala (imports come from there), W, 2,5 cm
♂ ▷ ♫ ○ ☺ ⊞ ⊡ ➤ ⚠ ⑤
Photo: E. Schraml / Archiv A.C.S.

X64105-4 *Carinotetraodon travancoricus* (HORA & NAIR, 1941)
Zwergkugelfisch, Erbsenkugelfisch / Dwarf Puffer
South India: Travancore, Kerala (imports come from there), W, 2,5 cm
♀ ▷ ♫ ○ ☺ ⊞ ⊡ ➤ ⚠ ⑤
Photo: E. Schraml / Archiv A.C.S.

X64107-4 *Carinotetraodon* cf. *travancoricus* (HORA & NAIR, 1941)
Blaupunkt-Zwergkugelfisch / Blue Spotted Dwarf Puffer
South India: Kerala, W, 2,5 cm
♂ ▷ ♫ ○ ☺ ⊞ ⊡ ➤ ⚠ ⑤
Photo: D. Bork

X64107-4 *Carinotetraodon* cf. *travancoricus* (HORA & NAIR, 1941)
Blaupunkt-Zwergkugelfisch / Blue Spotted Dwarf Puffer
South India: Kerala, W, 2,5 cm
♂ ▷ ♫ ○ ☺ ⊞ ⊡ ➤ ⚠ ⑤
Photo: D. Bork

X64107-4 *Carinotetraodon* cf. *travancoricus* (HORA & NAIR, 1941)
Blaupunkt-Zwergkugelfisch / Blue Spotted Dwarf Puffer
South India: Kerala, W, 2,5 cm
♀ ▷ ♫ ○ ☺ ⊞ ⊡ ➤ ⚠ ⑤
Photo: D. Bork

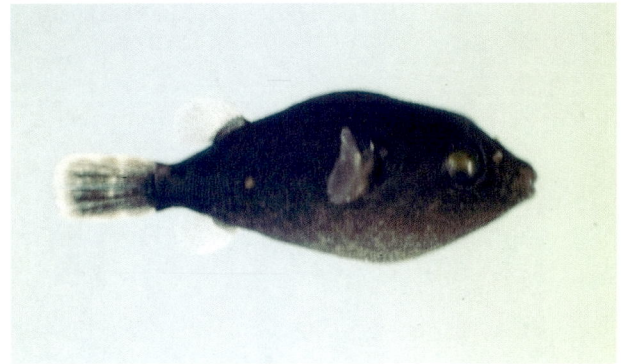

X90907-2 *Tetraodon abei* ROBERTS,1998
Abes Kugelfisch / Abe´s Puffer
Laos: Mekong river basin, W, 10 cm
Specimen CMK 12748, 19,9 mm SL
Photo: M. Kottelat

X90907-4 *Tetraodon abei* ROBERTS,1998
Abes Kugelfisch / Abe´s Puffer
Laos: Mekong river basin, W, 10 cm
Specimen CMK 12364, 72,9 mm SL
Photo: M. Kottelat

X90908-3 *Tetraodon baileyi* SONTIRAT, 1989
Fetzen-Kugelfisch / Bailey´s Puffer
Indochina: Mekong river basin, W, 12 cm
Specimen CMK 15701, 42,9 mm SL
Photo: M. Kottelat

X90908-3 *Tetraodon baileyi* SONTIRAT, 1989
Fetzen-Kugelfisch / Bailey´s Puffer
Indochina: Mekong river basin, W, 12 cm
Specimen CMK 15701, 42,9 mm SL
Photo: M. Kottelat

X90906-4 *Tetraodon biocellatus* TIRANT, 1885
Palembangkugelfisch / Figure Eight
Indochina: Thailand, Malaysia, Indonesia, W, 6 cm
▷ ⇑P ○ ☺ 🖾 🖾 ➨ ⚠ 🔲 <Bw>
Photo: F. Teigler / Archiv A.C.S.

X90906-3 *Tetraodon biocellatus* TIRANT, 1885
Palembangkugelfisch / Figure Eight
Indochina: Thailand, Malaysia, Indonesia, W, 6 cm
▷ ⇑P ○ ☺ 🖾 🖾 ➨ ⚠ 🔲 <Bw>
Photo: K. Ebert

X90906-4 *Tetraodon biocellatus* TIRANT, 1885
Palembangkugelfisch / Figure Eight
Indochina: Thailand, Malaysia, Indonesia, W, 6 cm
▷ ⇑P ○ ☺ 🖾 🖾 ➨ ⚠ 🔲 <Bw>
Photo: F. Schäfer

X90906-4 *Tetraodon biocellatus* TIRANT, 1885
Palembangkugelfisch / Figure Eight
Indochina: Thailand, Malaysia, Indonesia, W, 6 cm
▷ ⇧P ○ ☺ ⊞ 🔜 🐟 ⚠ m̄ <Bw>
Photo: F. Schäfer

X90906-4 *Tetraodon biocellatus* TIRANT, 1885
Palembangkugelfisch / Figure Eight
Indochina: Thailand, Malaysia, Indonesia, W, 6 cm
▷ ⇧P ○ ☺ ⊞ 🔜 🐟 ⚠ m̄ <Bw>
Photo: F. Schäfer

X90906-4 *Tetraodon biocellatus* TIRANT, 1885
Palembangkugelfisch / Figure Eight
Indochina: Thailand, Malaysia, Indonesia, W, 6 cm
▷ ⇧P ○ ☺ ⊞ 🔜 🐟 ⚠ m̄ <Bw>
Photo: F. Schäfer

X90906-4 *Tetraodon biocellatus* TIRANT, 1885
Palembangkugelfisch / Figure Eight
Indochina: Thailand, Malaysia, Indonesia, W, 6 cm
▷ ⇧P ○ ☺ ⊞ 🔜 🐟 ⚠ m̄ <Bw>
Photo: F. Schäfer

X90906-4 *Tetraodon biocellatus* TIRANT, 1885
Palembangkugelfisch / Figure Eight
Indochina: Thailand, Malaysia, Indonesia, W, 6 cm
▷ ⇧P ○ ☺ ⊞ 🔜 🐟 ⚠ m̄ <Bw>
Photo: K. Ebert

X90906-4 *Tetraodon biocellatus* TIRANT, 1885
Palembangkugelfisch / Figure Eight
Indochina: Thailand, Malaysia, Indonesia, W, 6 cm
▷ ⇧P ○ ☺ ⊞ 🔜 🐟 ⚠ m̄ <Bw>
Photo: F. Schäfer

X90906-5 *Tetraodon biocellatus* TIRANT, 1885
Palembangkugelfisch / Figure Eight
Indochina: Thailand, Malaysia, Indonesia, W, 6 cm
▷ ⇧P ○ ☺ ⊞ 🔜 🐟 ⚠ m̄ <Bw>
Photo: K. Ebert

X90906-4 *Tetraodon biocellatus* TIRANT, 1885
Palembangkugelfisch / Figure Eight
Indochina: Thailand, Malaysia, Indonesia, W, 6 cm
♂ ▷ ⇑P ○ ☺ ⊞ 🖼 ➤ ⚠ 🔟 <Bw>

Photo: F. Schäfer

X90906-4 *Tetraodon biocellatus* TIRANT, 1885
Palembangkugelfisch / Figure Eight
Indochina: Thailand, Malaysia, Indonesia, W, 6 cm
♀ ▷ ⇑P ○ ☺ ⊞ 🖼 ➤ ⚠ 🔟 <Bw>

Photo: F. Schäfer

X90906-4 *Tetraodon biocellatus* TIRANT, 1885
Palembangkugelfisch / Figure Eight
Indochina: Thailand, Malaysia, Indonesia, W, 6 cm
♂ ▷ ↑P ○ ☺ ⚠ **<Bw>**

Photo: F. Teigler / Archiv A.C.S.

X90906-2 *Tetraodon biocellatus* TIRANT, 1885
Palembangkugelfisch / Figure Eight
Indochina: Thailand, Malaysia, Indonesia, W, 6 cm
♀ ▷ ↑P ○ ☺ ⚠ **<Bw>**

Photo: F. Teigler / Archiv A.C.S.

X90909-3 *Tetraodon cambodgiensis* CHABANAUD, 1923
Kambodscha Kugelfisch / Cambodia Puffer
Indochina: Mekong river basin, W, 16 cm
Specimen CMK 13500, 48,5 mm SL   Photo: M. Kottelat

X91107-1 *Tetraodon cochinchinensis* (STEINDACHNER, 1866)
Fangs Kugelfisch / Fang´s Puffer
Indochina: Mekong river basin, W, 7 cm
Specimen CMK 15007, 19,6 mm SL   Photo: M. Kottelat

X91107-5 *Tetraodon cochinchinensis* (STEINDACHNER, 1866)
Fangs Kugelfisch / Fang´s Puffer
Indochina: Mekong river basin, W, 7 cm
Specimen CMK 13054, 64,0 mm SL   Photo: M. Kottelat

X91107-4 *Tetraodon cochinchinensis* (STEINDACHNER, 1866)
Fangs Kugelfisch / Fang´s Puffer
Indochina: Mekong river basin, W, 7 cm
▷🜋◑☺⊞🖥➤ ⚠🄼   Photo: B. Migge / Archiv A.C.S.

X91107-3 *Tetraodon cochinchinensis* (STEINDACHNER, 1866)
Fangs Kugelfisch / Fang´s Puffer
Indochina: Mekong river basin (specimen from Thailand), W, 7 cm
▷🜋◑☺⊞🖥➤ ⚠🄼   Photo: F. Schäfer

X91107-3 *Tetraodon cochinchinensis* (STEINDACHNER, 1866)
Fangs Kugelfisch / Fang´s Puffer
Indochina: Mekong river basin (specimen from Thailand), W, 7 cm
▷🜋◑☺⊞🖥➤ ⚠🄼   Photo: F. Schäfer

X91107-2 *Tetraodon cochinchinensis* (STEINDACHNER, 1866)
Fangs Kugelfisch / Fang´s Puffer
Indochina: Mekong river basin, W, 7 cm
▷🜋◑☺⊞🖥➤ ⚠🄼   Photo: F. Teigler / Archiv A.C.S.

X91107-4 *Tetraodon cochinchinensis* (STEINDACHNER, 1866)
Fangs Kugelfisch / Fang´s Puffer
Indochina: Mekong river basin, W, 7 cm
▷🜋◑☺⊞🖥➤ ⚠🄼   Photo: K. Ebert

X91105-4 *Tetraodon cutcutia* Hamilton, 1822
Gemeiner oder Glühaugenkugelfisch / Common or Emerald Puffer
India: Ganges and Brahmaputra river systems, W, 9,5 cm
Photo: F. Schäfer

X91105-4 *Tetraodon cutcutia* Hamilton, 1822
Gemeiner oder Glühaugenkugelfisch / Common or Emerald Puffer
India: Ganges and Brahmaputra river systems, W, 9,5 cm
Photo: E. Schraml / Archiv A.C.S.

X91105-4 *Tetraodon cutcutia* Hamilton, 1822
Gemeiner oder Glühaugenkugelfisch / Common or Emerald Puffer
India: Ganges and Brahmaputra river systems, W, 9,5 cm
Photo: E. Schraml / Archiv A.C.S.

X91105-4 *Tetraodon cutcutia* Hamilton, 1822
Gemeiner oder Glühaugenkugelfisch / Common or Emerald Puffer
India: Ganges and Brahmaputra river systems, W, 9,5 cm
Photo: E. Schraml / Archiv A.C.S.

X91105-4 *Tetraodon cutcutia* Hamilton, 1822
Gemeiner oder Glühaugenkugelfisch / Common or Emerald Puffer
India: Ganges and Brahmaputra river systems, W, 9,5 cm
Photo: E. Schraml / Archiv A.C.S.

X91105-4 *Tetraodon cutcutia* Hamilton, 1822
Gemeiner oder Glühaugenkugelfisch / Common or Emerald Puffer
India: Ganges and Brahmaputra river systems, W, 9,5 cm
Photo: F. Schäfer

X91105-4 *Tetraodon cutcutia* Hamilton, 1822
Gemeiner oder Glühaugenkugelfisch / Common or Emerald Puffer
India: Ganges and Brahmaputra river systems, W, 9,5 cm
Photo: S. Nakano / Archiv A.C.S.

X91105-4 *Tetraodon cutcutia* Hamilton, 1822
Gemeiner oder Glühaugenkugelfisch / Common or Emerald Puffer
India: Ganges and Brahmaputra river systems, W, 9,5 cm
Photo: S. Nakano / Archiv A.C.S.

X91106-4 *Tetraodon* cf. *erythrotaenia* Bleeker, 1853
Neuguinea-Rotband-Kugelfisch / Newguinea Redband Puffer
Aquarium import from Newguinea (Irian Jaya), W, 8,5 cm

♂ ▷ ♫ ◑ ☺ ⊗ ⊞ 🖼 ➹ ⚠ 🔟 <Bw>

X91106-4 *Tetraodon* cf. *erythrotaenia* Bleeker, 1853
Neuguinea-Rotband-Kugelfisch / Newguinea Redband Puffer
Aquarium import from Newguinea (Irian Jaya), W, 8,5 cm

♀ ▷ ♫ ◑ ☺ ⊗ ⊞ 🖼 ➹ ⚠ 🔟 <Bw>

X91111-3 *Tetraodon erythrotaenia* Bᴌᴇᴇᴋᴇʀ, 1853
Rotband-Kugelfisch / Redband Puffer
Indonesia: Sulawesi, Ambon Island, Molucca Islands, W, 8,5 cm
▷ ♬ ◑ ☺ ☹ ⊞ 🖾 ➹ ⚠ 🖾 <Bw> Photo: S. Nakano / Archiv A.C.S.

X91111-3 *Tetraodon erythrotaenia* Bᴌᴇᴇᴋᴇʀ, 1853
Rotband-Kugelfisch / Redband Puffer
Indonesia: Sulawesi, Ambon Island, Molucca Islands, W, 8,5 cm
▷ ♬ ◑ ☺ ☹ ⊞ 🖾 ➹ ⚠ 🖾 <Bw> Photo: S. Nakano / Archiv A.C.S.

X90905-1 *Tetraodon fluviatilis* Hᴀᴍɪʟᴛᴏɴ, 1822
Grüner Flusskugelfisch / Green Puffer
India: Gangetic estuaries; Sri Lanka; W, 20 cm
▷ ♬ ◑ ☺ ☹ ⊞ 🖾 ➹ ⚠ 🖾 <Bw> Photo: E. Schraml/ Archiv A.C.S.

X90905-1 *Tetraodon fluviatilis* Hᴀᴍɪʟᴛᴏɴ, 1822
Grüner Flusskugelfisch / Green Puffer
India: Gangetic estuaries; Sri Lanka; W, 20 cm
▷ ♬ ◑ ☺ ☹ ⊞ 🖾 ➹ ⚠ 🖾 <Bw> Photo: S. Nakano / Archiv A.C.S.

X90905-3 *Tetraodon fluviatilis* Hᴀᴍɪʟᴛᴏɴ, 1822
Grüner Flusskugelfisch / Green Puffer
India: Gangetic estuaries; Sri Lanka; W, 20 cm
▷ ♬ ◑ ☺ ☹ ⊞ 🖾 ➹ ⚠ 🖾 <Bw> Photo: B. Migge / Archiv A.C.S.

X91123-3 *Tetraodon fluviatilis* Hᴀᴍɪʟᴛᴏɴ, 1822 „Bengal Variant"
Grüner Flusskugelfisch / Green Puffer
India: Gangetic estuaries, W, 20 cm
▷ ♬ ◑ ☺ ☹ ⊞ 🖾 ➹ ⚠ 🖾 <Bw> Photo: F. Teigler / Archiv A.C.S.

X91123-4 *Tetraodon fluviatilis* Hᴀᴍɪʟᴛᴏɴ, 1822 „Bengal Variant"
Grüner Flusskugelfisch / Green Puffer
India: Gangetic estuaries, W, 20 cm
▷ ♬ ◑ ☺ ☹ ⊞ 🖾 ➹ ⚠ 🖾 <Bw> Photo: F. Schäfer

X91123-4 *Tetraodon fluviatilis* Hᴀᴍɪʟᴛᴏɴ, 1822 „Bengal Variant"
Grüner Flusskugelfisch / Green Puffer
India: Gangetic estuaries, W, 20 cm
▷ ♬ ◑ ☺ ☹ ⊞ 🖾 ➹ ⚠ 🖾 <Bw> Photo: F. Schäfer

X91123-4 *Tetraodon fluviatilis* HAMILTON, 1822 „Bengal Variant"
Grüner Flusskugelfisch / Green Puffer
India: Gangetic estuaries, W, 20 cm

▷♬◐☺☹⊞▨➤ ⚠🖵 <Bw>

Photo: F. Schäfer

X91122-4 *Tetraodon* cf. *fluviatilis* HAMILTON, 1822
Grüner Flusskugelfisch / Green Puffer
India: aquarium import via Bombay, W, 20 cm

▷♬◐☺☹⊞▨➤ ⚠🖵 <Bw>

Photo: K. Ebert

X91123-4 *Tetraodon fluviatilis* HAMILTON, 1822 „Bengal Variant"
Grüner Flusskugelfisch / Green Puffer
India: Gangetic estuaries, W, 20 cm
▷ ♉ ◑ ☺ ☹ ⊞ 🖼 � ⚠ ⬛ **<Bw>**   Photo: F. Teigler / Archiv A.C.S.

X91123-4 *Tetraodon fluviatilis* HAMILTON, 1822 „Bengal Variant"
Grüner Flusskugelfisch / Green Puffer
India: Gangetic estuaries, W, 20 cm
▷ ♉ ◑ ☺ ☹ ⊞ 🖼 ➳ ⚠ ⬛ **<Bw>**   Photo: F. Schäfer

X91121-3 *Tetraodon fluviatilis* HAMILTON, 1822 „Sri Lanka Variant"
Grüner Flusskugelfisch / Green Puffer
Sri Lanka; W, 20 cm
▷ ♉ ◑ ☺ ☹ ⊞ 🖼 ➳ ⚠ ⬛ **<Bw>**   Photo: F. Schäfer

X91121-3 *Tetraodon fluviatilis* HAMILTON, 1822 „Sri Lanka Variant"
Grüner Flusskugelfisch / Green Puffer
Sri Lanka; W, 20 cm
▷ ♉ ◑ ☺ ☹ ⊞ 🖼 ➳ ⚠ ⬛ **<Bw>**   Photo: F. Schäfer

X91121-3 *Tetraodon fluviatilis* HAMILTON, 1822 „Sri Lanka Variant"
Grüner Flusskugelfisch / Green Puffer
Sri Lanka; W, 20 cm
▷ ♉ ◑ ☺ ☹ ⊞ 🖼 ➳ ⚠ ⬛ **<Bw>**   Photo: S. Nakano / Archiv A.C.S.

X91121-3 *Tetraodon fluviatilis* HAMILTON, 1822 „Sri Lanka Variant"
Grüner Flusskugelfisch / Green Puffer
Sri Lanka; W, 20 cm
▷ ♉ ◑ ☺ ☹ ⊞ 🖼 ➳ ⚠ ⬛ **<Bw>**   Photo: S. Nakano / Archiv A.C.S.

X91130-4 *Tetraodon hilgendorfii* POPTA, 1905
Hilgendorfs Kugelfisch / Hilgendorf´s Puffer
Indonesia: Borneo, upper Mahakam river, W, 10 cm
Specimen CMK 7654, 91,7 mm SL   Photo: M. Kottelat

X91130-4 *Tetraodon hilgendorfii* POPTA, 1905
Hilgendorfs Kugelfisch / Hilgendorf´s Puffer
Indonesia: Borneo, upper Mahakam river, W, 10 cm
Specimen CMK 7654, 91,7 mm SL   Photo: M. Kottelat

X91131-3 *Tetraodon kretamensis* INGER, 1953
Kretam-Kugelfisch / Kretam Puffer
Malaysia: Borneo, Kretam Kechil river system, W, 4,5 cm
Specimen CMK 9485, 34,0 mm SL   Photo: M. Kottelat

X91131-3 *Tetraodon kretamensis* INGER, 1953
Kretam-Kugelfisch / Kretam Puffer
Malaysia: Borneo, Kretam Kechil river system, W, 4,5 cm
Specimen CMK 9485, 34,0 mm SL   Photo: M. Kottelat

X91110-3 *Tetraodon leiurus* BLEEKER, 1851
Augenfleck-Kugelfisch / Eyespot Puffer
Indonesia and Indochina, W, 16 cm
Specimen NIFI 1986, 52,0 mm SL   Photo: M. Kottelat

X91110 *Tetraodon leiurus* BLEEKER, 1851
Augenfleck-Kugelfisch / Eyespot Puffer
Indonesia and Indochina, W, 16 cm

▷ ♟ ◑ ☺ ☹ ⊞ 🖼 ➥ ⚠ 🔟   Drawing: from Bleeker, 1865

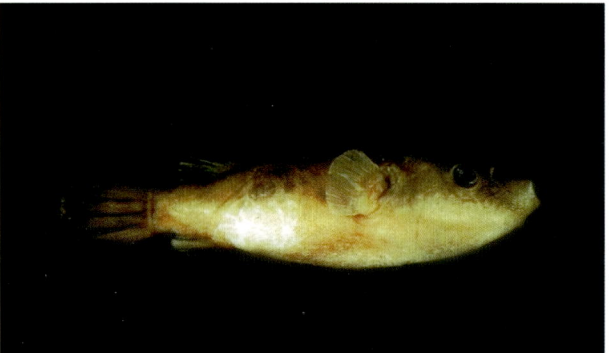

X91110-3 *Tetraodon leiurus* BLEEKER, 1851
Augenfleck-Kugelfisch / Eyespot Puffer
Kalimantan Barat, Sg. Sibau, W, 16 cm (specimen: 77,7 mm SL)
▷ ♟ ◑ ☺ ☹ ⊞ 🖼 ➥ ⚠ 🔟   Photo: H. H. Tan

X91120-2 *Tetraodon nigroviridis* MARION DE PROCÉ, 1822
Grüner Kugelfisch / Green Puffer
Indonesia, Indochina, Malaysia, Philippines, Sri Lanka (?), W, 14 cm
▷ ⇑P ○ ☺ ⊞ 🖼 ➥ ⚠ 🔟 <Bw>   Photo: F. Teigler / Archiv A.C.S.

X91120-2 *Tetraodon nigroviridis* MARION DE PROCÉ, 1822
Grüner Kugelfisch / Green Puffer
Indonesia, Indochina, Malaysia, Philippines, Sri Lanka (?), W, 14 cm
▷ ⇑P ○ ☺ ⊞ 🖼 ➥ ⚠ 🔟 <Bw>   Photo: F. Teigler / Archiv A.C.S.

X91120-2 *Tetraodon nigroviridis* MARION DE PROCÉ, 1822
Grüner Kugelfisch / Green Puffer
Indonesia, Indochina, Malaysia, Philippines, Sri Lanka (?), W, 14 cm
▷ ⇑P ○ ☺ ⊞ 🖼 ➥ ⚠ 🔟 <Bw>   Photo: F. Teigler / Archiv A.C.S.

X91120-5 *Tetraodon nigroviridis* MARION DE PROCÉ, 1822
Grüner Kugelfisch / Green Puffer
Indonesia, Indochina, Malaysia, Philippines, Sri Lanka (?), W, 14 cm
▷ ⇑P ○ ☺ ⊞ 🖳 ➦ ⚠ 🔟 <Bw>

Photo: K. Ebert

X91120-5 *Tetraodon nigroviridis* MARION DE PROCÉ, 1822
Grüner Kugelfisch / Green Puffer
Indonesia, Indochina, Malaysia, Philippines, Sri Lanka (?), W, 14 cm
▷ ⇑P ○ ☺ ⊞ 🖳 ➦ ⚠ 🔟 <Bw>

Photo: K. Ebert

X91120-3 *Tetraodon nigroviridis* Marion de Procé, 1822
Grüner Kugelfisch / Green Puffer
Indonesia, Indochina, Malaysia, Philippines, Sri Lanka (?), W, 14 cm
▷ ⇧P ○ ☺ ⊞ 🖼 ➤ ⚠ 🖼 <Bw>   Photo: F. Teigler / Archiv A.C.S.

X91120-3 *Tetraodon nigroviridis* Marion de Procé, 1822
Grüner Kugelfisch / Green Puffer
Indonesia, Indochina, Malaysia, Philippines, Sri Lanka (?), W, 14 cm
▷ ⇧P ○ ☺ ⊞ 🖼 ➤ ⚠ 🖼 <Bw>   Photo: F. Teigler / Archiv A.C.S.

X91120-3 *Tetraodon nigroviridis* Marion de Procé, 1822
Grüner Kugelfisch / Green Puffer
Indonesia, Indochina, Malaysia, Philippines, Sri Lanka (?), W, 14 cm
▷ ⇧P ○ ☺ ⊞ 🖼 ➤ ⚠ 🖼 <Bw>   Photo: F. Teigler / Archiv A.C.S.

X91120-3 *Tetraodon nigroviridis* Marion de Procé, 1822
Grüner Kugelfisch / Green Puffer
Indonesia, Indochina, Malaysia, Philippines, Sri Lanka (?), W, 14 cm
▷ ⇧P ○ ☺ ⊞ 🖼 ➤ ⚠ 🖼 <Bw>   Photo: F. Schäfer

X91120-2 *Tetraodon nigroviridis* Marion de Procé, 1822
Grüner Kugelfisch / Green Puffer
Indonesia, Indochina, Malaysia, Philippines, Sri Lanka (?), W, 14 cm
▷ ⇧P ○ ☺ ⊞ 🖼 ➤ ⚠ 🖼 <Bw>   Photo: F. Schäfer

X91128-4 *Tetraodon palembangensis* Bleeker, 1852
Echter Palembangkugelfisch, Buckelkugelfisch / Real Palembang Puffer
Thailand, Indochina, Malaysia, Sumatra, Borneo, W, 21 cm
▷ ⇧P ◑ ☺ ⊗ ⊡ 🖼 ➤ 🐟 ⚠ 🖼   Photo: K. Ebert

X91128-4 *Tetraodon palembangensis* Bleeker, 1852
Echter Palembangkugelfisch, Buckelkugelfisch / Real Palembang Puffer
Thailand, Indochina, Malaysia, Sumatra, Borneo, W, 21 cm
▷ ⇧P ◑ ☺ ⊗ ⊡ 🖼 ➤ 🐟 ⚠ 🖼   Photo: E. Schraml/ Archiv A.C.S.

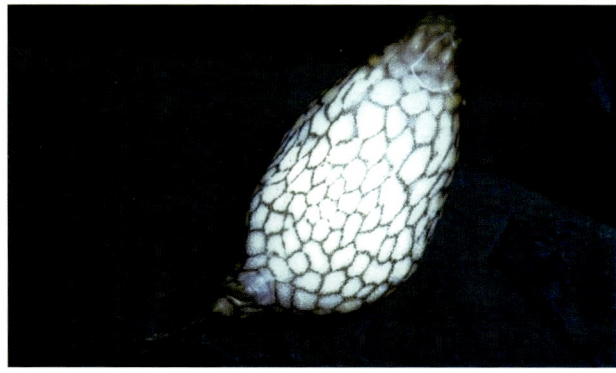

X91128-4 *Tetraodon palembangensis* Bleeker, 1852
Echter Palembangkugelfisch, Buckelkugelfisch / Real Palembang Puffer
Thailand, Indochina, Malaysia, Sumatra, Borneo, W, 21 cm
▷ ⇧P ◑ ☺ ⊗ ⊡ 🖼 ➤ 🐟 ⚠ 🖼   Photo: K. Ebert

X91128-4 *Tetraodon palembangensis* BLEEKER, 1852
Echter Palembangkugelfisch, Buckelkugelfisch / Real Palembang Puffer
Thailand, Indochina, Malaysia, Sumatra, Borneo, W, 21 cm

▷ ↑P ◑ ☺ ☹ ⬇ ▨ ➛ ☞ ⚠ ⒧

X91128-4 *Tetraodon palembangensis* BLEEKER, 1852
Echter Palembangkugelfisch, Buckelkugelfisch / Real Palembang Puffer
Thailand, Indochina, Malaysia, Sumatra, Borneo, W, 21 cm

▷ ↑P ◑ ☺ ☹ ⬇ ▨ ➛ ☞ ⚠ ⒧

X91125-2 *Tetraodon* cf. *sabahensis* DEKKERS, 1975
Die hier so bezeichneten Fische entstammen einem Aquarien-Import über Singapur und könnten auch eine sehr eigenartige Farbvariante von *T. nigroviridis* darstellen / The fishes referred here to belong to *T.* cf. *sabahensis* might also represent an aberrant coloured population of *T. nigroviridis*.

▷ ⱷ ○ ☺ 🔲 🗺 ➤ ⚠ 🔳 <Bw>   Photo: F. Schäfer

X91125-2 *Tetraodon* cf. *sabahensis* DEKKERS, 1975
Sabah-Kugelfisch / Sabah Puffer
Malaysia: Borneo, Prov. Sabah, W, 14 cm

▷ ⱷ ○ ☺ 🔲 🗺 ➤ ⚠ 🔳 <Bw>   Photo: F. Schäfer

X91125-2 *Tetraodon* cf. *sabahensis* DEKKERS, 1975
Sabah-Kugelfisch / Sabah Puffer
Malaysia: Borneo, Prov. Sabah, W, 14 cm

▷ ⱷ ◑ ☺ ⊗ 🔲 🗺 ➤ ☞ ⚠ 🔳   Photo: E. Schraml/ Archiv A.C.S.

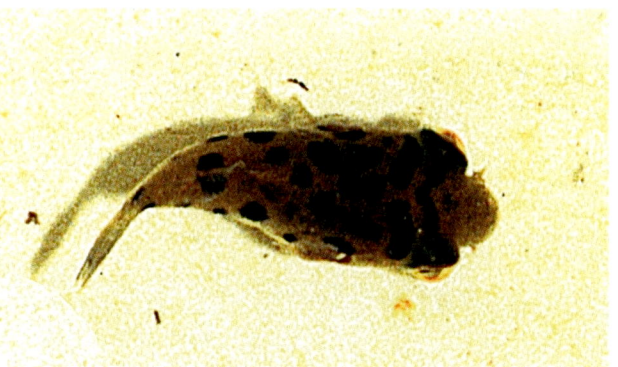

X91125-2 *Tetraodon* cf. *sabahensis* DEKKERS, 1975
Sabah-Kugelfisch / Sabah Puffer
Malaysia: Borneo, Prov. Sabah, W, 14 cm

▷ ⱷ ◑ ☺ ⊗ 🔲 🗺 ➤ ☞ ⚠ 🔳   Photo: E. Schraml/ Archiv A.C.S.

X91135-4 *Tetraodon suvattii* Sontirat & Soonthornsathit, 1985
Mekong-Kofferkugelfisch / Pignose Puffer
Thailand, Laos: Mekong basin, W, 15 cm

Photo: E. Schraml/ Archiv A.C.S.

X91135-4 *Tetraodon suvattii* Sontirat & Soonthornsathit, 1985
Mekong-Kofferkugelfisch / Pignose Puffer
Thailand, Laos: Mekong basin, W, 15 cm

Photo: E. Schraml/ Archiv A.C.S.

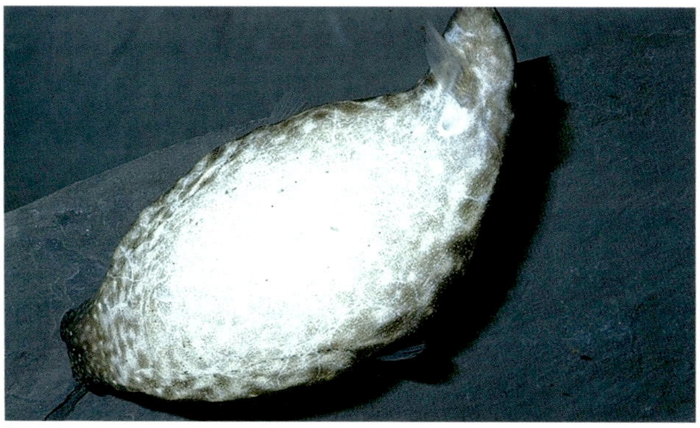

X91135-4 *Tetraodon suvattii* Sontirat & Soonthornsathit, 1985
Mekong-Kofferkugelfisch / Pignose Puffer
Thailand, Laos: Mekong basin, W, 15 cm

Photo: E. Schraml/ Archiv A.C.S.

X91135-4 *Tetraodon suvattii* Sontirat & Soonthornsathit, 1985
Mekong-Kofferkugelfisch / Pignose Puffer
Thailand, Laos: Mekong basin, W, 15 cm

Photo: F. Schäfer

X91135-4 *Tetraodon suvattii* Sontirat & Soonthornsathit, 1985
Mekong-Kofferkugelfisch / Pignose Puffer
Thailand, Laos: Mekong basin, W, 15 cm

Photo: F. Schäfer

X91127-1 *Tetraodon turgidus* (Kottelat, 2000)
Brauner Kugelfisch / Brown Puffer
Thailand, Laos: Mekong basin, W, 15 cm
Specimen CMK 15041, 21,4 mm SL   Photo: M. Kottelat

X91127-2 *Tetraodon turgidus* (Kottelat, 2000)
Brauner Kugelfisch / Brown Puffer
Thailand, Laos: Mekong basin, W, 15 cm
Specimen CMK 15878, 45,6 mm SL   Photo: M. Kottelat

X91127-3 *Tetraodon turgidus* (Kottelat, 2000)
Brauner Kugelfisch / Brown Puffer
Thailand, Laos: Mekong basin, W, 15 cm
Specimen CMK 14292, 62,9 mm SL   Photo: M. Kottelat

X91127-4 *Tetraodon turgidus* (Kottelat, 2000)
Brauner Kugelfisch / Brown Puffer
Thailand, Laos: Mekong basin, W, 15 cm
Specimen CMK 13751, 70,8 mm SL   Photo: M. Kottelat

X91127-3 *Tetraodon turgidus* (Kottelat, 2000)
Brauner Kugelfisch / Brown Puffer
Thailand, Laos: Mekong basin, W, 15 cm

Photo: S. Nakano / Archiv A.C.S.

X91127-3 *Tetraodon turgidus* (KOTTELAT, 2000)
Brauner Kugelfisch / Brown Puffer
Thailand, Laos: Mekong basin, W, 15 cm

Photo: S. Nakano / Archiv A.C.S.

X91127-4 *Tetraodon turgidus* (KOTTELAT, 2000)
Brauner Kugelfisch / Brown Puffer
Thailand, Laos: Mekong basin, W, 15 cm

Photo: S. Nakano / Archiv A.C.S.

X91132-4 *Tetraodon* cf. *turgidus* (KOTTELAT, 2000)
Brauner Kugelfisch / Brown Puffer
Thailand, Laos: Mekong basin, W, 15 cm

Photo: K. Ebert

X91126 *Tetraodon waandersii* BLEEKER, 1853
Waanders Kugelfisch / Waanders´ Puffer
Indonesia: Banka, Marawang (freshwater), W, 3,5 cm

Editorial note: to me this fish seems to be a somewhat
aberrant juvenile of *Takifugu oblongus*. F. Schäfer

Drawing: from Bleeker, 1865

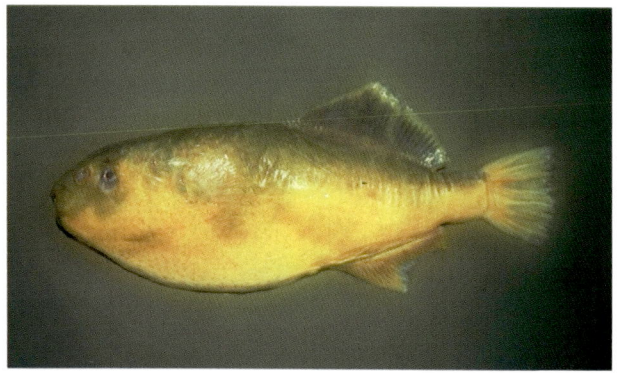

X38306-3 *Chonerhinos naritus* (RICHARDSON, 1848)
Großer Goldkugelfisch / Large Golden Puffer
Indonesia, Indochina, Myanmar, W, 28 cm

<Bw>

Photo: H. H. Tan

Süß- und Brackwasserkugelfische aus Südamerika
Puffers from Fresh- and Brackish Water from South America

Atlantischer Küstenbereich des tropischen Amerikas, der Lebensraum von *Colomesus psittacus* und *Spoeroides testudineus*.

Atlantic coast of tropical South America, habitat of Colomesus psittacus *und* Spoeroides testudineus.

S12685-1 *Colomesus asellus* (MÜLLER & TROSCHEL in SCHOMBURGK, 1848)
Asselkugelfisch / Assel Puffer
South America: Amazon basin, W, 8 cm
Photo: F. Teigler / Archiv A,C.S.

S12685-2 *Colomesus asellus* (MÜLLER & TROSCHEL in SCHOMBURGK, 1848)
Asselkugelfisch / Assel Puffer, das Tier hat Oodinium / Oodinium infested
South America: Amazon basin, W, 8 cm
Photo: E. Schraml/ Archiv A.C.S.

S12685-2 *Colomesus asellus* (MÜLLER & TROSCHEL in SCHOMBURGK, 1848)
Asselkugelfisch / Assel Puffer
South America: Amazon basin, W, 8 cm
Photo: E. Schraml/ Archiv A.C.S.

S12685-2 *Colomesus asellus* (MÜLLER & TROSCHEL in SCHOMBURGK, 1848)
Asselkugelfisch / Assel Puffer
South America: Amazon basin, W, 8 cm
Photo: E. Schraml/ Archiv A.C.S.

S12685-3 *Colomesus asellus* (MÜLLER & TROSCHEL in SCHOMBURGK, 1848)
Asselkugelfisch / Assel Puffer
South America: Amazon basin, W, 8 cm
Photo: E. Schraml/ Archiv A.C.S.

S12685-3 *Colomesus asellus* (MÜLLER & TROSCHEL in SCHOMBURGK, 1848)
Asselkugelfisch / Assel Puffer
South America: Amazon basin, W, 8 cm
Photo: E. Schraml/ Archiv A.C.S.

S12685-3 *Colomesus asellus* (MÜLLER & TROSCHEL in SCHOMBURGK, 1848)
Asselkugelfisch / Assel Puffer, Schreckfärbung / coloration when frightened
South America: Amazon basin, W, 8 cm
Photo: B. Migge / Archiv A.C.S.

S12685-3 *Colomesus asellus* (MÜLLER & TROSCHEL in SCHOMBURGK, 1848)
Asselkugelfisch / Assel Puffer
South America: Amazon basin, W, 8 cm
Photo: F. Schäfer

S12685-4 *Colomesus asellus* (MÜLLER & TROSCHEL in SCHOMBURGK, 1848)   Importation from Peru
Asselkugelfisch / Assel Puffer
South America: Amazon basin, W, 8 cm

S12685-4 *Colomesus asellus* (MÜLLER & TROSCHEL in SCHOMBURGK, 1848)   Importation from Colombia
Asselkugelfisch / Assel Puffer
South America: Amazon basin, W, 8 cm

S12685-4 *Colomesus asellus* (MÜLLER & TROSCHEL in SCHOMBURGK, 1848)   Importation from Brazil
Asselkugelfisch / Assel Puffer
South America: Amazon basin, W, 8 cm

▷ ⚓ ○ ☺ ⊞ 🐟 ➤ ◈ m̄

Photo: F. Schäfer

S16715-3 *Colomesus psittacus* (BLOCH & SCHNEIDER, 1801)
Papageikugelfisch / Parrot Puffer
Western Atlantic: from the gulf of Paria to the Amazon mouth, W, 40 cm

▷ ⼻P ○ ☺ ⊞ 🐟 ➤ ◈ x̄ī *<Bw>*

Photo: S. Nakano / Archiv A.C.S.

Photo: K. Ebert

Erwachsener *Arothron hispidus* im Riff. Wie bei allen im folgenden vorgestellten Arten leben nur Jungfische zeitweise im Süß- oder Brackwasser.
An adult specimen of Arothron hispidus *in the reef. Like in all the species of the following chapter only young individuals enter regulary fresh or brackish waters.*

X08008-3 *Amblyrhynchotes honckenii* (BLOCH, 1785)
Scheelaugen-Kugelfisch / Evileye Blaasop
Indo-West Pacific: South Africa to China, W, 30 cm
▷ ⚑P ○ ☺ 🖽🖾➡ ⚠ 🖾 *<Bw>*   Photo: J. Randall

X08005-1 *Arothron hispidus* (LINNAEUS, 1758)
Weißfleckenkugelfisch / Stars & Stripes Toadfish   Red Sea, Eastafrica, S-Japan,
Hawaii, Asia, Mikronesia; Gulf of California to Panama, Galapagos-Isl., W, 50 cm
▷ ⚑P ○ ☺ 🖽🖾➡ ⚠ 🖾 *<Bw>*   Photo: S. Nakano / Archiv A.C.S.

X08005-2 *Arothron hispidus* (LINNAEUS, 1758)
Weißfleckenkugelfisch / Stars & Stripes Toadfish   Red Sea, Eastafrica, S-Japan,
Hawaii, Asia, Mikronesia; Gulf of California to Panama, Galapagos-Isl., W, 50 cm
▷ ⚑P ○ ☺ 🖽🖾➡ ⚠ 🖾 *<Bw>*   Photo: K. Ebert

X08005-4 *Arothron hispidus* (LINNAEUS, 1758)
Weißfleckenkugelfisch / Stars & Stripes Toadfish   Red Sea, Eastafrica, S-Japan,
Hawaii, Asia, Mikronesia; Gulf of California to Panama, Galapagos-Isl., W, 50 cm
▷ ⚑P ○ ☺ 🖽🖾➡ ⚠ 🖾 *<Bw>*   Photo: K. Ebert

X08006-2 *Arothron immaculatus* (BLOCH & SCHNEIDER, 1801)
Ungefleckter Kugelfisch / Immaculate Puffer   Red Sea,
India, Sri Lanka, East- & Southafrica, Indonesia, S-Japan, W, 30 cm
▷ ⚑P ○ ☺ 🖽🖾➡ ⚠ 🖾 *<Bw>*   Photo: Sch. Nakano / Archiv A.C.S.

X08006-2 *Arothron immaculatus* (BLOCH & SCHNEIDER, 1801)
Ungefleckter Kugelfisch / Immaculate Puffer   Red Sea,
India, Sri Lanka, East- & Southafrica, Indonesia, S-Japan, W, 30 cm
▷ ⚑P ○ ☺ 🖽🖾➡ ⚠ 🖾 *<Bw>*   Photo: F. Teigler / Archiv A.C.S.

X08006-2 *Arothron immaculatus* (BLOCH & SCHNEIDER, 1801)
Ungefleckter Kugelfisch / Immaculate Puffer   Red Sea,
India, Sri Lanka, East- & Southafrica, Indonesia, S-Japan, W, 30 cm
▷ ⚑P ○ ☺ 🖽🖾➡ ⚠ 🖾 *<Bw>*   Photo: F. Schäfer

X08006-4 *Arothron immaculatus* (BLOCH & SCHNEIDER, 1801)
Ungefleckter Kugelfisch / Immaculate Puffer   Red Sea,
India, Sri Lanka, East- & Southafrica, Indonesia, S-Japan, W, 30 cm
▷ ⚑P ○ ☺ 🖽🖾➡ ⚠ 🖾 *<Bw>*   Photo: K. Ebert

X08007-3 *Arothron manilensis* (Marion de Procé, 1822)
Gestreifter Kugelfisch / Narrow-Lined Toadfish
Tropical West Pacific: Ryukyu-Islands to Australia, W, 31 cm
▷ ⇑P ○ ☺ 🔲 🔳 ➤ △ 🔲 *<Bw>*   Photo: K. Ebert

X08009-2 *Arothron reticularis* (Bloch & Schneider, 1801)
Netzkugelfisch/ Reticulated Pufferfish
Ryukyu-Islands, Philippines, Indonesia, Sri Lanka, W, 40 cm
▷ ⇑P ○ ☺ 🔲 🔳 ➤ △ 🔲 *<Bw>*   Photo: K. Ebert

X08011-2 *Arothron stellatus* (Bloch & Schneider, 1801)
Riesenkugelfisch / Starry Pufferfish   Rote Form / Red variety
Indopazifik, Rotes Meer, Ostafrika, Südostatlantik, W, 120 cm
From: Masuda, H., K. Amaoka, C. Araga, T. Uyeno & T. Yoshino (1984): The fishes of the Japanese Archipelago. Tokai University Press, with kind permission.

X08010-2 *Arothron stellatus* (Bloch & Schneider, 1801)
Riesenkugelfisch / Starry Pufferfish   Weiße Form / White variety
Indopazifik, Rotes Meer, Ostafrika, Südostatlantik, W, 120 cm
▷ ⇑P ○ ☺ 🔲 🔳 ➤ △ 🔲 *<Bw>*   Photo: K. Ebert

X08010-4 *Arothron stellatus* (Bloch & Schneider, 1801)
Riesenkugelfisch / Starry Pufferfish
Indopazifik, Rotes Meer, Ostafrika, Südostatlantik, W, 120 cm
▷ ⇑P ○ ☺ 🔲 🔳 ➤ △ 🔲 *<Bw>*   Photo: K. Ebert

X08012-2 *Canthigaster compressa* (Marion de Procé, 1822)
Labyrinth-Spitzkopfkugelfisch / Compressed Toby
Western Pacific, W, 11 cm (specimen from Flores, Indonesia)
▷ ⇑P ○ ☺ 🔲 🔳 ➤ △ 🔲 *<Bw>*   Photo: R. Kuiter

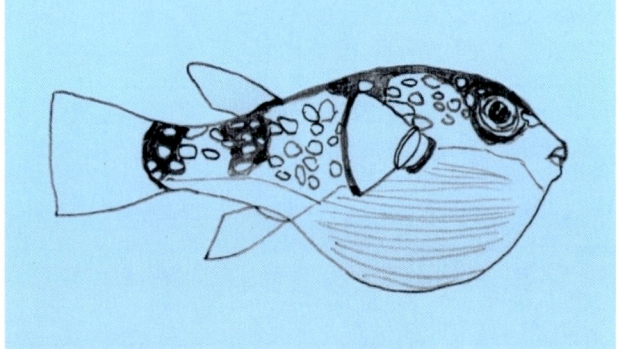

X08012-4 *Canthigaster compressa* (Marion de Procé, 1822)
Labyrinth-Spitzkopfkugelfisch / Compressed Toby
Western Pacific, W, 11 cm (specimens from Flores, Indonesia)
▷ ⇑P ○ ☺ 🔲 🔳 ➤ △ 🔲 *<Bw>*   Photo: R. Kuiter

A90720   *Chelonodon laticeps* Smith, 1948
Blauflecken-Kugelfisch / Bluespotted Blaasop
Western Indian Ocean (from 6°S to Xora River mouth, S-Africa), W, 20 cm
After: Smith, J. L. B. (1947): Ann. Mag. Nat. Hist. 14 (11. Ser.): 345   Drawing: F. Schäfer

X38305-2 *Chelonodon patoca* (HAMILTON, 1822)
Papageienkugelfisch / Milk-Spotted Toadfish
Specimen from Sri Lanka, W, 30 cm
▷ ⇑P ○ ☺ ⊞ 🖾 ➟ ⚠ 🔳 *<Bw>*
Photo: F. Schäfer

X38305-3 *Chelonodon patoca* (HAMILTON, 1822)
Papageienkugelfisch / Milk-Spotted Toadfish
Specimen from Sri Lanka, W, 30 cm
▷ ⇑P ○ ☺ ⊞ 🖾 ➟ ⚠ 🔳 *<Bw>*
Photo: F. Schäfer

X38305-3 *Chelonodon patoca* (HAMILTON, 1822)
Papageienkugelfisch / Milk-Spotted Toadfish
Specimen from Sri Lanka, W, 30 cm
▷ ⇑P ○ ☺ ⊞ 🖾 ➟ ⚠ 🔳 *<Bw>*
Photo: F. Schäfer

X38305-4 *Chelonodon patoca* (HAMILTON, 1822)
Papageienkugelfisch / Milk-Spotted Toadfish
Specimen from Queensland, Australia, W, 30 cm
▷ ⇑P ○ ☺ ⊞ 🖾 ➟ ⚠ 🔳 *<Bw>*
Photo: R. Kuiter

X38305-2 *Chelonodon patoca* (HAMILTON, 1822)
Papageienkugelfisch / Milk-Spotted Toadfish   E- & S-Africa, Mada-
gascar, India, Sri Lanka, SE-Asia, China, N-Australia, Neuguinea, W, 30 cm
▷ ⇑P ○ ☺ ⊞ 🖾 ➟ ⚠ 🔳 *<Bw>*
Photo: Sch. Nakano / Archiv A.C.S.

X38305-3 *Chelonodon patoca* (HAMILTON, 1822)
Papageienkugelfisch / Milk-Spotted Toadfish   E- & S-Africa, Mada-
gascar, India, Sri Lanka, SE-Asia, China, N-Australia, Neuguinea, W, 30 cm
▷ ⇑P ○ ☺ ⊞ 🖾 ➟ ⚠ 🔳 *<Bw>*
Photo: Sch. Nakano / Archiv A.C.S.

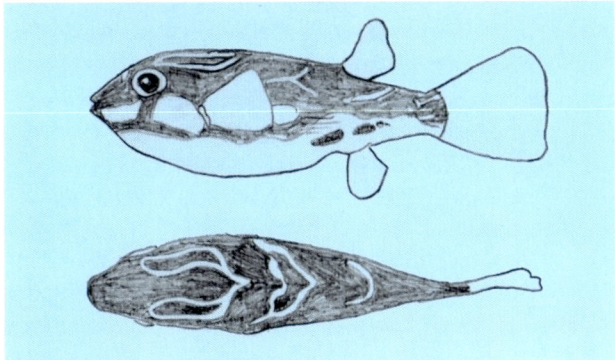

X38305-3 *Chelonodon pleurospilus* (REGAN, 1919)
Zierlicher Papageienkugelfisch / Least Toadfish
Southern Africa: Xora River Mouth, W, 8 cm
After: Smith, J. L. B. (1958): Ann. Mag. Nat. Hist. 1 (13. Ser.): pl. II
Drawing: F. Schäfer

X08013-4 *Contusus brevicaudus* HARDY, 1981
Kurzschwanz-Kugelfisch / Shorttailed Toadfish
Coastal regions of S-Australia, W, 25 cm(specimen from Victoria)
▷ ⇑P ○ ☺ ⊞ 🖾 ➟ ⚠ 🔳 *<Bw>*
Photo: R. Kuiter

X08014-2 *Contusus richei* (FRÉMINVILLE, 1813)
Stachliger Krötenkugelfisch / Prickley Toadfish
S-Australia, Victoria; Tasmania, W, 25 cm (specimen from Victoria)
▷ ⇑P ○ ☺ ⊞ 🖾 ➤ ⚠ 🔟 *<Bw>*   Photo: R. Kuiter

X08014-4 *Contusus richei* (FRÉMINVILLE, 1813)
Stachliger Krötenkugelfisch / Prickley Toadfish
S-Australia, Victoria; Tasmania, W, 25 cm (specimen from Victoria)
▷ ⇑P ○ ☺ ⊞ 🖾 ➤ ⚠ 🔟 *<Bw>*   Photo: R. Kuiter

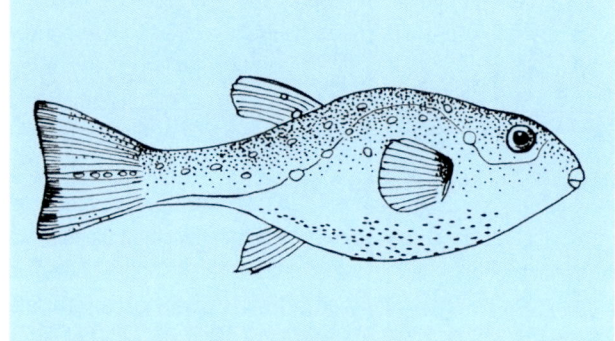

A90880 *Ephippion guttifer* (BENNETT, 1831)
Stachliger Kugelfisch / Prickley Puffer
Eastern Atlantic: W-Africa, W-Mediterranean Sea, Gibraltar, W, 80 cm
◁ ▷ ⇑P ○ ☺ ⊞ 🖾 ➤ ⚠ 🔟 *<Bw>*   Drawing: H. Nakano

A90880-3 *Ephippion guttifer* (BENNETT, 1831)
Stachliger Kugelfisch / Prickley Puffer
Eastern Atlantic: W-Africa, W-Mediterranean Sea, Gibraltar, W, 80 cm
Specimen collected near Ibeno, lower Cross River, Nigeria, 4°39'N,   Photo: F. Schäfer
8°20'E, Musée royal de l'Afrique centrale: 93-039-P-0215-0216

A90881-2 *Lagocephalus laevigatus* (LINNAEUS, 1766)
Glatter Kugelfisch / Smooth Puffer
Atantic: USA to Brazil, W-Africa, W, 100 cm
Specimen collected near Zogbo, Lac Nokoué, Dahomey   Photo: F. Schäfer
Musée royal de l'Afrique centrale: 179576

X64108-4 *Lagocephalus lunaris* (BLOCH & SCHNEIDER, 1801)
Grüner Rauhrückenkugelfisch / Green Rough-Backed Puffer
Indo-Pacific and E-Atlantic, W, 45 cm
From: Masuda, H., K. Amaoka, C. Araga, T. Uyeno & T. Yoshino (1984): The fishes of the
Japanese Archipelago. Tokai University Press, with kind permission.

X64109-3 *Lagocephalus spadiceus* (RICHARDSON, 1845)
Halbglatter Goldkugelfisch / Half-Smooth Golden Puffer
Indo-West Pacific, Red Sea, Eastern Mediterranean Sea, W, 30 cm
◁ ▷ ⇑P ○ ☺ ⊞ 🖾 ➤ ⚠ 🔟 *<Bw>*   Photo: J. Randall

X64110-3 *Marilyna darwinii* (CASTELNAU, 1873)
Darwin-Krötenfisch / Darwin Toadfish
N-Australia, S-NewGuinea,W, 17 cm
▷ ⇑P ○ ☺ ⊞ 🖾 ➤ ⚠ 🔟 *<Bw>*   Photo: J. Randall

X64111 *Marilyna pleurosticta* (GÜNTHER, 1872)
Gefleckter Krötenkugelfisch / Spotted Toadfish
Queensland, Australia, W, 15 cm (?)
▷ ⇑P ○ ☺ ⊞ ▥ � ⚠ 🔟 <*Bw*>   after: Günther, 1872

X64112-3 *Marilyna meraukensis* (DE BEAUFORT, 1955)
Merauke-Krötenkugelfisch / Merauke Toadfish
N-Australia, S-NewGuinea, W, 17 cm
▷ ⇑P ○ ☺ ▥ ➍ ⚠ 🔟 <*Bw*>   Photo: S. Nakano

S16716-2 *Sphoeroides annulatus* (JENYNS, 1842)
Geringelter Kugelfisch / Bullseye Puffer
Eastern Pazifik: California to Peru, Galapagos-Islands, W, 45 cm
▷ ⇑P ○ ☺ ⊞ ▥ ➍ ⚠ ▩ <*Bw*>   Photo: G. Allen

S16716-4 *Sphoeroides annulatus* (JENYNS, 1842)
Geringelter Kugelfisch / Bullseye Puffer
Eastern Pazifik: California to Peru, Galapagos-Islands, W, 45 cm
▷ ⇑P ○ ☺ ⊞ ▥ ➍ ⚠ ▩ <*Bw*>   Photo: G. Allen

S16717 *Spoeroides lobatus* (STEINDACHNER, 1870)
Hautlappen-Kugelfisch / Lobeskin Puffer
Eastern Pazifik: California to Peru, W, 20 cm
▷ ⇑P ○ ☺ ⊞ ▥ ➍ ⚠ 🔟 <*Bw*>   from: Steindachner, 1870

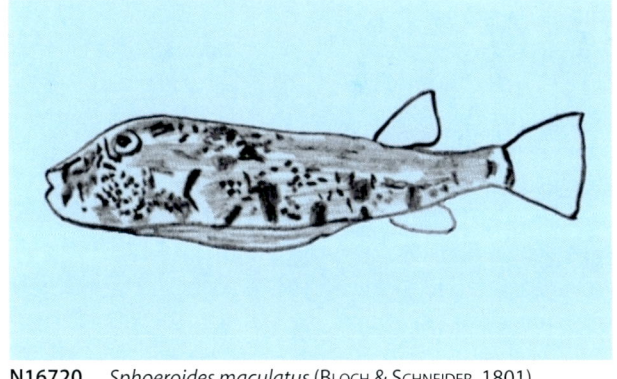

N16720 *Sphoeroides maculatus* (BLOCH & SCHNEIDER, 1801)
Nördlicher Sphoeroides / Northern Puffer
W-Atlantic: Canada, USA, W, 36 cm
◁ ▷ ⇑P ○ ☺ ⊞ ▥ ➍ ⚠ ▩ <*Bw*>   Drawing: F. Schäfer

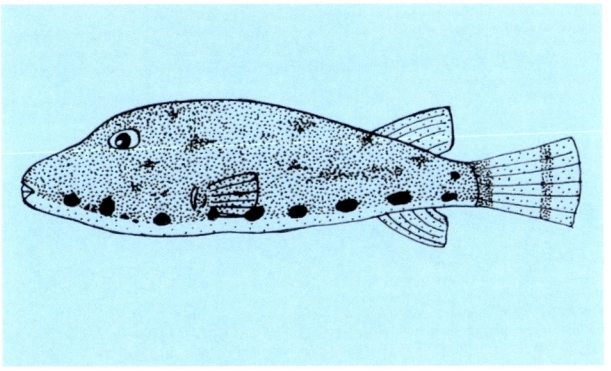

N16721 *Spoeroides nephelus* (GOODE & BEAN, 1882)
Südlicher Sphoeroides / Southern Puffer
Florida, W, 30 cm
◁ ▷ ⇑P ○ ☺ 🔟 ▥ ➍ ⚠ ▩ <*Bw*>   Drawing: H. Nakano

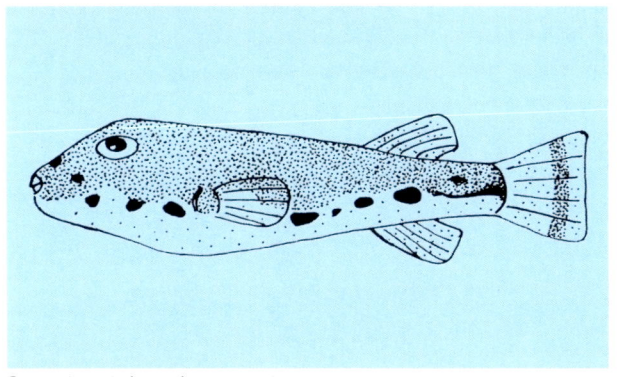

S16718 *Sphoerides parvus* SHIPP & YERGER, 1969
Kleiner Sphoeroides / Least Puffer
Gulf of Mexico, W, 15 cm
◁ ▷ ⇑P ○ ☺ 🔟 ▥ ➍ ⚠ 🔟 <*Bw*>   Drawing: H. Nakano

N16722-3 *Sphoeroides spengleri* (Bloch, 1785)
Geperlter Kugelfisch / Bandtail Puffer (specimen from Yucatan, Mexico)
W-Atlantic: USA to Brazil; E-Atlantic: W-Africa, W, 18 cm
◁ ▷ ⑂P ○ ☺ 🔲 🦐 ➤ ⚠ 🔲 *<Bw>*   Photo: H. Moosleitner

S16719-2 *Sphoeroides testudineus* (Linnaeus, 1758)
Schildkröten-Kugelfisch / Turtle Puffer
W-Atlantic: USA (Rhode Island) to Brazil, W, 39 cm
◁ ▷ ⑂P ○ ☺ 🔲 🦐 ➤ ⚠ 🔲 *<Bw>*   Photo: S. Nakano / Archiv A.C.S.

X44977-4 *Takifugu niphobles* (Jordan & Snyder, 1901)
Japanischer Epauletten-Kugelfisch / Admiral Puffer
Coastal regions of Japan and S-Korea, W, 15 cm (this specimen: Toba, Japan)
◁ ▷ ⑂P ○ ☺ 🔲 🦐 ➤ ⚠ 🔲 *<Bw>*   Photo: R. Kuiter

X44977-4 *Takifugu niphobles* (Jordan & Snyder, 1901)
Japanischer Epauletten-Kugelfisch / Admiral Puffer
Coastal regions of Japan and S-Korea, W, 15 cm (this specimen: Toba, Japan)
◁ ▷ ⑂P ○ ☺ 🔲 🦐 ➤ ⚠ 🔲 *<Bw>*   Photo: R. Kuiter

X90900-2 *Takifugu oblongus* (Bloch, 1786)
Keulenkugelfisch oder Sattelbindenkugelfisch / Lattice Blaasop
Eastern coast of S-Africa via Indonesia to Australia, W, 40 cm
▷ ⑂P ○ ☺ 🔲 🦐 ➤ ⚠ 🔲 *<Bw>*   Photo: F. Schäfer

X90900-3 *Takifugu oblongus* (Bloch, 1786)
Keulenkugelfisch oder Sattelbindenkugelfisch / Lattice Blaasop
Eastern coast of S-Africa via Indonesia to Australia, W, 40 cm
▷ ⑂P ○ ☺ 🔲 🦐 ➤ ⚠ 🔲 *<Bw>*   Photo: F. Teigler / Archiv A.C.S.

X90900-3 *Takifugu oblongus* (Bloch, 1786)
Keulenkugelfisch oder Sattelbindenkugelfisch / Lattice Blaasop
Eastern coast of S-Africa via Indonesia to Australia, W, 40 cm
▷ ⑂P ○ ☺ 🔲 🦐 ➤ ⚠ 🔲 *<Bw>*   Photo: E. Schraml/ Archiv A.C.S.

X44955-4 *Takifugu obscurus* (Abe, 1949)
Dunkler Kugelfisch / Dark Takifugu
Eastern and southern parts of the Chinese Sea, Yangtse r., W, 40 cm
From: Masuda, H., K. Amaoka, C. Araga, T. Uyeno & T. Yoshino (1984): The fishes of the
Japanese Archipelago. Tokai University Press, with kind permission.

X91129-4 *Takifugu ocellatus* (LINNAEUS, 1758)
Augenfleckkugelfisch / Peacock Puffer
SE-China, W, 15 cm
◁ ▷ ⇈P ○ ☺⊡ ▥➽ ⚠⊡ *<Bw>*   Photo: S. Nakano / Archiv A.C.S.

X91129-3 *Takifugu ocellatus* (LINNAEUS, 1758)
Augenfleckkugelfisch / Peacock Puffer
SE-China, W, 15 cm
◁ ▷ ⇈P ○ ☺⊡ ▥➽ ⚠⊡ *<Bw>*   Photo: K. Ebert

X44976-4 *Takifugu rubripes* (TEMMINCK & SCHLEGEL, 1850)
Rotflossen-Kugelfisch / Torafugu
Coasts of China and Japan, W, 70 cm
From: Masuda, H., K. Amaoka, C. Araga, T. Uyeno & T. Yoshino (1984): The fishes of the Japanese Archipelago. Tokai University Press, with kind permission.

X44975-4 *Takifugu xanthopterus* (TEMMINCK & SCHLEGEL, 1850)
Gelbflossen-Kugelfisch / Yellow Finned Puffer
S-coast of Japan, China, Yangtse r., W, 50 cm
From: Masuda, H., K. Amaoka, C. Araga, T. Uyeno & T. Yoshino (1984): The fishes of the Japanese Archipelago. Tokai University Press, with kind permission.

X64113-4 *Tetractenos glaber* (FRÉMINVILLE, 1813)
Glatter Krötenkugelfisch / Smooth Toadfish
S-Australia, W, 15 cm (specimen from Victoria)
▷ ⇈P ○ ☺⊡ ▥➽ ⚠⊡ *<Bw>*   Photo: R. Kuiter

X64118-3 *Tetractenos hamiltoni* (RICHARDSON, 1846)
Hamiltons Krötenkugelfisch / Hamilton´s Toadfish
SW-Pacific: Australia, W, 15 cm (specimen from New South Wales)
▷ ⇈P ○ ☺⊡ ▥➽ ⚠⊡ *<Bw>*   Photo: R. Kuiter

X64119-3 *Torquigener andersonae* HARDY, 1983
Andersons Krötenkugelfisch / Anderson´s Toadfish
SW-Pacific: SE-Australia, W, 16 cm (specimen from New South Wales)
▷ ⇈P ○ ☺⊡ ▥➽ ⚠⊡ *<Bw>*   Photo: R. Kuiter

X64114-4 *Torqigener hypselogeneion* (BLEEKER, 1852)
Orangeflecken-Krötenkugelfisch / Orange-Spotted Toadfish
Indo-Pacific: Knysna, S-Africa eastward to Samoa, W, 10 cm
Specimen CMK 11311, 62,6 mm SL   Photo: M. Kottelat

X64114-4 *Torqigener hypselogeneion* (BLEEKER, 1852)
Orangeflecken-Krötenkugelfisch / Orange-Spotted Toadfish
Indo-Pacific: Knysna, S-Africa eastward to Samoa, W, 10 cm
Specimen CMK 11311, 62,6 mm SL   Photo: M. Kottelat

X64115-4 *Torquigener perlevis* (OGILBY, 1908)
Stachelloser Krötenkugelfisch / Spineless Toadfish
NE-Australia, W, 20 cm (specimen from New South Wales)
▷ �placeP ○ ☺🔟 🖼🐟 ⚠🔟 *<Bw>*   Photo: R. Kuiter

X64116-4 *Torquigener pleurogramma* (REGAN, 1903)
Trauer-Krötenkugelfisch / Weeping Toado
Westcoast of Australia, W, 21 cm (specimens from New South Wales)
▷ ⳑP ○ ☺🔟 🖼🐟 ⚠🔟 *<Bw>*   Photo: R. Kuiter

X64117-4 *Torquigener squamicauda* (OGILBY, 1910)
Bürstenschwanz-Krötenkugelfisch / Brushtail Toadfish
Eastcoast of Australia, W, 15 cm (specimen from New South Wales)
▷ ⳑP ○ ☺🔟 🖼🐟 ⚠🔟 *<Bw>*   Photo: R. Kuiter

Jetzt kennen Sie alle Kugelfische des Süß- und Brackwassers.
Kennen Sie auch schon alle Aqualog-Lexika?
Now you know all puffers from fresh and brackish waters.
Do you know all Aqualog reference books as well?

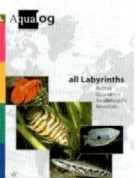

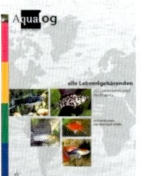

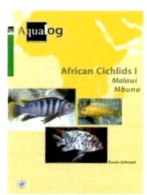

Halten Sie Ihr Aqua**log**-Lexikon über Jahre aktuell
*Keep your Aqua**log**-Lexicon up-to-date for years*

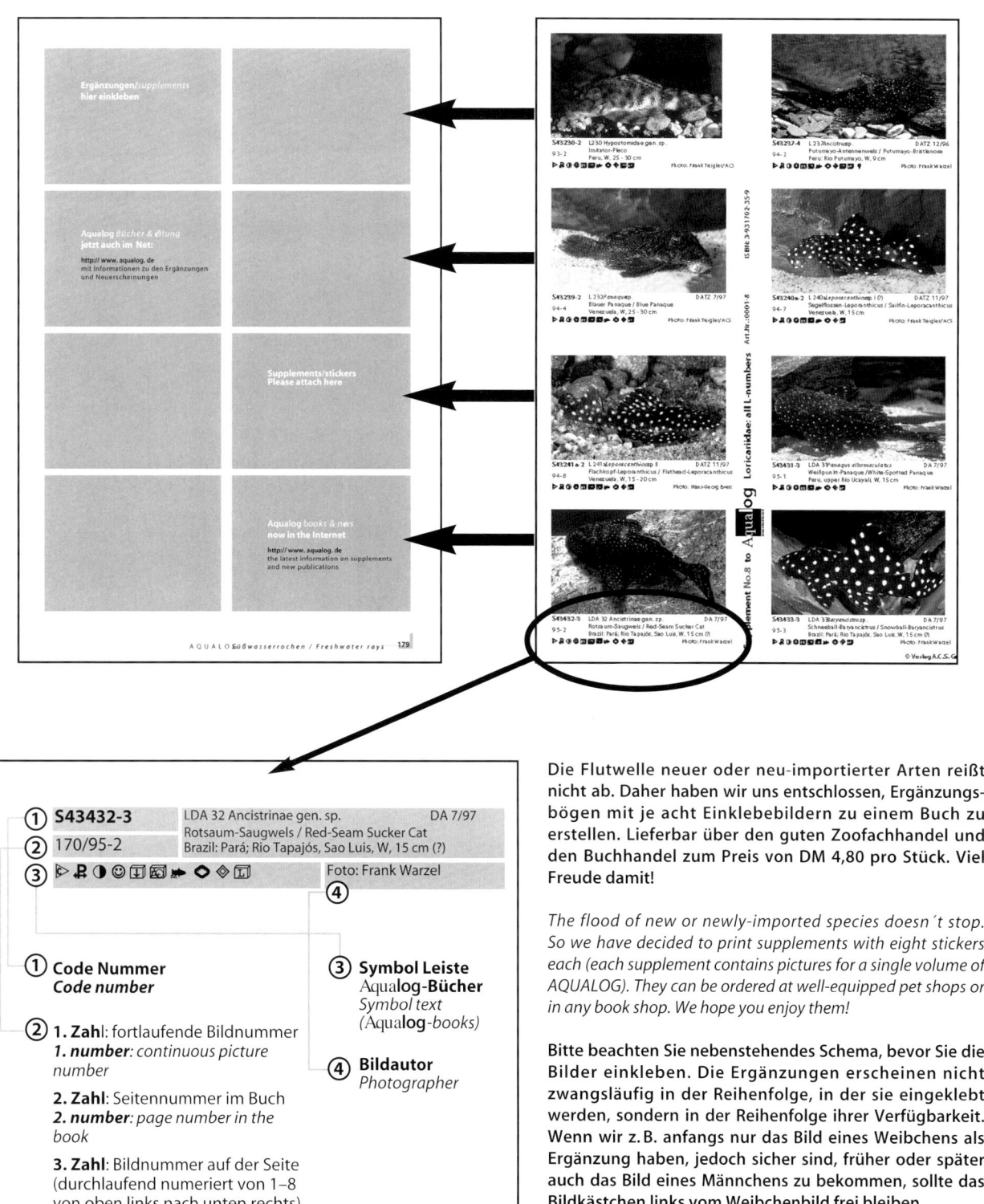

Legende / Legend

① **S43432-3**   LDA 32 Ancistrinae gen. sp.   DA 7/97
② 170/95-2   Rotsaum-Saugwels / Red-Seam Sucker Cat
    Brazil: Pará; Rio Tapajós, Sao Luis, W, 15 cm (?)
③ ▷♫◐☺️🗓🎇🐟➠◇◈🗓   Foto: Frank Warzel
    ④

① **Code Nummer**
Code number

② **1. Zahl**: fortlaufende Bildnummer
1. number: continuous picture number

2. Zahl: Seitennummer im Buch
2. number: page number in the book

3. Zahl: Bildnummer auf der Seite
(durchlaufend numeriert von 1–8
von oben links nach unten rechts)
3. number: picture number on the page (continuously numbered from 1–8 from the top left corner to bottom right)

③ **Symbol Leiste**
Aqua**log**-**Bücher**
*Symbol text
(Aqua**log**-books)*

④ **Bildautor**
Photographer

Die Flutwelle neuer oder neu-importierter Arten reißt nicht ab. Daher haben wir uns entschlossen, Ergänzungsbögen mit je acht Einklebebildern zu einem Buch zu erstellen. Lieferbar über den guten Zoofachhandel und den Buchhandel zum Preis von DM 4,80 pro Stück. Viel Freude damit!

The flood of new or newly-imported species doesn´t stop. So we have decided to print supplements with eight stickers each (each supplement contains pictures for a single volume of AQUALOG). They can be ordered at well-equipped pet shops or in any book shop. We hope you enjoy them!

Bitte beachten Sie nebenstehendes Schema, bevor Sie die Bilder einkleben. Die Ergänzungen erscheinen nicht zwangsläufig in der Reihenfolge, in der sie eingeklebt werden, sondern in der Reihenfolge ihrer Verfügbarkeit. Wenn wir z. B. anfangs nur das Bild eines Weibchens als Ergänzung haben, jedoch sicher sind, früher oder später auch das Bild eines Männchens zu bekommen, sollte das Bildkästchen links vom Weibchenbild frei bleiben.

Please follow the scheme given here, before you stick in the pictures. The supplements are not necessarily in the correct order. For example: if we have only the photo of a female, but we are sure to get the photo of the male sooner or later, too, please keep the space to the left of the female free.

Ergänzungen/*supplements*
hier einkleben

Aqualog *Bücher & Zeitung*
jetzt auch im Net:

http:// www. aqualog. de
mit Informationen zu den Ergänzungen
und Neuerscheinungen

**Supplements/stickers
Please attach here**

Aqualog *books & news*
now in the Internet

http:// www. aqualog. de
the latest information on supplements
and new publications

Ergänzungen/*supplements*
hier einkleben

Aqualog *Bücher & Zeitung*
jetzt auch im Net:

http:// www. aqualog. de
mit Informationen zu den Ergänzungen
und Neuerscheinungen

Supplements/stickers
Please attach here

Aqualog *books & news*
now in the Internet

http:// www. aqualog. de
the latest information on supplements
and new publications

Ergänzungen/*supplements*
hier einkleben

Aqualog *Bücher & Zeitung*
jetzt auch im Net:

http:// www. aqualog. de
mit Informationen zu den Ergänzungen
und Neuerscheinungen

Supplements/stickers
Please attach here

Aqualog *books & news*
now in the Internet

http:// www. aqualog. de
the latest information on supplements
and new publications

Ergänzungen/*supplements*
hier einkleben

Aqualog *Bücher & Zeitung*
jetzt auch im Net:

http:// www. aqualog. de
mit Informationen zu den Ergänzungen
und Neuerscheinungen

Supplements/stickers
Please attach here

Aqualog *books & news*
now in the Internet

http:// www. aqualog. de
the latest information on supplements
and new publications

INDEX
Tafeln, alphabetisch / plates, alphabetic

Literaturhinweise
Bibliography

Adam, K.W. (1987): „Schreckstoffe" bei Süßwasserkugelfischen. DATZ 40 (8): 382
Allen, G. R., & D. R. **Robertson** (1994): Fishes of the tropical eastern Pacific. Crawford House Press, Bathurst. i-xix + 1-332.
Arendt, Kai (2000) Raubkugelfische. Aquaristik Fachmagazin 32 (4) Heft154: 22-27
Arunachalam, M., J. A. **Johnson,** and N. **Shanthi** (1999): A new record of the marine puffer fish genus, Chelonodon (Tetraodontiformes, Tetraodontidae) from freshwater habitat of western Ghats, India. Acta Zool. Taiwanica 10 (1): 11-14.
Axelrod, H. (1985): Atlas of Freshwater Aquarium Fishes. New York
Bader, H. (1985): Goldgrüne Kugelfische aus Thailand. Chonerinus modestus (Bleeker) 1850. DATZ 38 (6): 246-249 und (7): 295-297
Baensch, H. A. und **Riehl,** R. (1982-1997) Mergus Aquarienatlas Bd. 1-5, Melle
Beller, J. (1958): Aufzucht von Tetraodon schoudeteni . DATZ 11 (8): 232-234
Benl, G. (1956): Süßwasserkugelfische. DATZ 9 (6-8): 141-147 / 172-175 / 202-205
Benl, G. (1957): Tetraodon leiurus brevirostris, subspec. nov DATZ 10 (3): 63-65
Benl, G. (1957): Carinotetraodon chlupatyi nov. gen. nov. spec., ein Kugelfisch mit Kamm und Kiel (vorläufige Mitteilung) Opuscüla Zoologica Nr 5
Benl, G. & P. **Chlupaty** (1957): Carinotetraodon, eine neue Kugelfischgattung DATZ 10 (10): 227-229
Benl, G. (1959): Zur Nomenklatur siamesischer Kugelfischformen. DATZ 12 (2): 42-44
Berlinghof, H. (1987): Brackwasser: (K)ein Thema DATZ 40 (9): 399-402
Birkholz, J. (1961): Chonerhinus modestus (Bleeker) 1850. DATZ 14 (3): 75-78
Bleeker, P. (1851): Over drie nieuwe soorten van Tetraëdon van den Indischen Archipel. Natuurkd. Tijdschr. Neder. Indië v. 1: 96-97.
Bleeker, P. (1865-69): Atlas ichthyologique des Indes Orientales Néêrlandaises, publié sous les auspices du Gouvernement colonial néêrlandais. Tome V. Baudroies, Ostracions, Gymnodontes, Balistes. 1-152, Pls. 194-231.
Britz, R. (1998): Ein neuer Kugelfisch aus Asien. DATZ 51 (8): 498-501
Britz, R., & M. **Kottelat** (1999): Carinotetraodon imitator, a new freshwater pufferfish from India (Teleostei: Tetraodontiformes). J. South Asian Nat. Hist. v. 4 (no. 1): 39-47.
Brixler, H. (1970): Der Kammkugelfisch (Carinotetraodon somphongsi) - ein wirklicher Süßwasserkugelfisch. DATZ 23 (4): 106-107
Burgess, W. E. (1988): Atlas of Marine Aquarium Fishes. New York
Chlupaty, P. (1955): Haltung ung Pflege von Kugelfischen. DATZ 8 (8): 197-200
Chlupaty, P. (1961): Kugelfische. Aquarien-Terrarien 8 (12): 353-357
Chlupaty, P. (1962): Maki Maki. DATZ 9 (1): 14-15
Chuplaty, P. (1971): Kugelfische. DATZ 24 (12): 417-419
Chlupaty, P. (1974): Wasserhubschrauber: Braune Kugelfische. Aquarien-Magazin 8 (8): 358-359
Dekkers, W. J. (1975): Review of the Asiatic freshwater puffers of the genus Tetraodon Linnaeus, 1758 (Pisces, Tetraodontiformes, Tetraodontidae). Bijdr. Dierkd. 45 (1): 87-142.
Ebert, K. (1967): Bemerkungen zur Kugelfischpflege. DATZ 20 (9): 267-271
Elias, J. & St. **Frank** (1972): Chonerhinus naritus? DATZ 25 (3): 77-79
Feigs, G. (1955) Tetraodon schoudeteni. Mitt. Bl. der CEV 3/8 S 90-93
Frey, H. (1959): Das Aquarium von A - Z. Radebeul.
Freyhof, J (2000): Neue Kugelfische aus Asien DATZ 53 (8): 58
Geiser, W. (1958): Aufzucht von Tetraodon leiurus brevirostris DATZ 11 (4): 100-101
Geiser, W. (1958) Zucht der Kugelfische Tetraodon leiurus brevirostris Klausewitz. Aquarien-Terrarien 5 (4): 107-109
Gutjahr, Axel (2000) Kugelfische - weiche Formen, harte Nahrung. Aquaristik Fachmagazin 32 (=4, n.F.). (154): 22-27
Hamilton, F. (1822): An account of the fishes found in the river Ganges and its branches. Edinburgh & London. i-vii + 1-405, Pls. 1-39
Hart, H. (1964): Was heißt hier Süßwasser. DATZ 17 (12): 364-365
Hart, H. (1967): Süß oder salzig? Die Haltung von Kugelfischen. Aquarien-Magazin 1 (4): 152-155
Hart, H. (1967): Die Buntbarsche bekommen Konkurrenz Verhaltensforschung an Süßwasserkugelfischen. Aquarien-Magazin1 (7): 274-276
Hering, W. (1965): Nochmals Kugelfische . DATZ 18 (12): 366-369

Hora, S. L., & K. K. **Nair** (1941): Notes on fishes in the Indian Museum. XLI. New records of freshwater fish from Travancore. Rec. Indian Mus. (Calcutta) 43 (pt 3): 387-393.

Humann, P. (1997): Fischführer Karibik, Hamburg

Jocher, W. (1968): Der Kugelfisch reinigt biologisch. Planarienbekämpfung ohne Chemikalien. Aquarien-Magazin 2 (3): 131

Klausewitz, W. (1957): Tetraodon somphongsi nov. spec. - ein weiterer neuer Kugelfisch aus Thailand. Senckenberg Biol. 38 (3-4): 205-208

Klausewitz, W. (1957): Eine neue Kugelfischart aus Siam: Tetraodon somphongsi. DATZ 10 (5): 115-116

Klausewitz, W. (1979): Handbuch der Meeresaquaristik. Bd. 3 , Wuppertal

Kottelat, M. (1981): Süßwasserkugelfische der Gattung Tetraodon, aus Südostasien. Das Aquarium 14 (150): 645-648

Kottelat, M. (1998): Fishes of the Nam Theun and Xe Bangfai basins, Laos, with diagnoses of twenty-two new species (Teleostei: Cyprinidae, Balitoridae, Cobitidae, Coiidae and Odontobutidae). Ichthyol. Explor. Freshwaters 9 (1): 1-128.

Kottelat, M. (1999): Nomenclature of the genera Barbodes, Cyclocheilichthys, Rasbora and Chonerhinos (Teleostei: Cyprinidae and Tetraodontidae), with comments on the definition of the first reviser. Raffles Bull. Zool. 47 (2): 591-600.

Kottelat, M. (2000): Diagnoses of a new genus and 64 new species of fishes from Laos (Teleostei: Cyprinidae, Balitoridae, Bagridae, Syngnathidae, Chaudhuriidae and Tetraodontidae). J. South Asian Nat. Hist. 5 (1): 37-82.

Krapp, F. (1970): Die Haftkiefer oder Kugelfischverwandten in Grzimeks Tierleben, Bd. 5, Zürich

Krugmann, E.-A. (1965): Kugelfische und Brackwasser. DATZ 18 (3): 81-82

Krupp, J. (1983): Name: Tetraodon palembangensis oder Palembang-Kugelfisch Beruf: Schneckenkiller DATZ 36 (5): 169-170

Kuiter, R. H. (1996): Guide to Sea Fishes of Australia. Sydney

Löhr, H. & B. **Löhr** (2000): Ein Erfolgserlebnis Die Zucht eines Süßwasserkugelfisches. Das Aquarium 33 (372): 28

Lösel, H. (1959): Gelungene Zucht von Tetraodon schoudeteni. DATZ 12 (4): 97-98

Lüling, K.H. (1958): Zufallsbeobachtung an Tetraodon somphongsi Klausewitz und Gyrinocheilus aymonieri (Tirant). DATZ 11 (1): 11-15

Masuda, H. & G. **Allen** (?): Meeresfische der Welt, Melle

Masuda, H., K. **Amaoka,** C. **Araga,** T. **Uyeno** and T. **Yoshino** (1984): The fishes of the Japanese Archipelago. Tokai Univ. Press. Text: i-xxii + 1-437, Atlas: Pls. 1-370.

Mayland, H. J. (1979): Große Aquarienpraxis Bd. 2, Hannover

Mebs, D. (2000): Gifttiere, Stuttgart

Moosleitner, H. (1969): Sie blasen sich auf vor Schreck Kugelfische im Roten Meer. Aquarien-Magazin 3 (12): 524-525

Moosleitner, H. (1989): Indische Kugelfische. DATZ 42 (10): 603-605

Müller, U. (1974): Der Fisch für zwei Wasser. Aquarien-Magazin 8 (10): 440-443

Nagy, P. (1967) Ein Fisch mit Launen - Der Süßwasserkugelfisch Tetraodon fahaka strigosus . Aquarien-Magazin 1 (9): 360-361

Nieuwenhuizen, A.v.d. (1966): Kugelfischplauderei. DATZ 19 (9): 257-260

Ochsenreiter, H. (1971): Ein Fisch namens Klunk. DATZ 24 (6): 180-182

Oertter, J. (1953) Der Süßwasserkugelfisch Tetraodon fluviatilis Hamilton-Buchanan. DATZ 6 (6): 147-148

Ostermüller, W. (1957): Einige Beobachtungen über Tetraodon somphongsi. DATZ 10 (11): 288-290

Ott, G. (1972): Signalsysteme beim grünen Kugelfisch. DATZ 25 (7): 232-233

Poll, M. (1959): Resultats scientifiques des missions zoologiques au Stanley Pool subsidiées par le Cemubac (Université Libre de Bruxelles) et la Musée Royal du Congo (1957-1958). III. Recherches sur la faune ichthyologique de la région du Stanley Pool. Ann. Mus. R. Congo Belge (Ser. 8), Sci. Zool. v. 71: 75-174, Pls. 12-26

Piché, H. (1984/85): Brackwasseraqarium- warum eigentlich nicht DATZ (1984) 37 (11): 401-403 u. (12): 456-457
DATZ (1985) 38 (1-4): 41-44 / 82-85 / 122-125 und 164-166.

Platzner, R. A. & H. **Moosleitner** (1999): Mergus Meerwasseratlas Bd. 6, Melle

Rainboth, W. J. (1996): FAO species identification field guide for fishery purposes. Fishes of the Cambodian Mekong. Rome, FAO. 1-265.

Randall, John E. (1968): Caribbean Reef Fishes, New York

Recher, P. (1974): Der Kofferkugelfisch (Tetraodon miurus), ein seltener Gast aus dem Kongo DATZ 27 (4):146-149

Regan, C. T. (1919): Fishes from Durban, Natal, collected by Messrs. H. W. Bell Marley and Romer Robinson. Ann. Durban Mus. 2 (pt 4): 197-204.

Roberts, T. R. (1982): The southeast Asian freshwater pufferfish genus Chonerhinos (Tetraodontidae), with descriptions of new species. Proc. Calif. Acad. Sci. (Ser. 4) 43 (1): 1-16.

Roberts, T. R. (1998): Freshwater fugu or pufferfishes of the genus Tetraodon from the Mekong basin, with descriptions of two new species. Ichth. Research v. 45 (no. 3): 225-234.

Sachs, W.B. (1959): Einiges über Tetraodon miurus. DATZ 12 (12): 365- 366

Schäfer, F. (1999): Ein neuer Zwergkugelfisch aus Indien. Aqualognews 27: 3.

Schäfer, F. (2000): Süßwasserkugelfische aus Süd- und Südostasien. Aquaristik Fachmagazin 32 (=4, n.F.) (154): 7-13

Schäme, P. (1907): Tetraodon cutcutia Ham. Buch. Wochenschrift für Aquarien- und Terrarienkunde (42): 533-535

Schmettkamp, W. (1985): Die Namen unserer Aquarienfische, Hannover

Schmied, A. (1984): Balz-, Paarungs- und Brutpflegeverhalten von Tetraodon leiurus brevirostris Aquarien-Magazin 18 (9): 428-433

Smith, J. L. B. (1948): Brief revisions and new records of South African marine fishes. Ann. Mag. Nat. Hist. (Ser. 11) v. 14 (no. 113) [1947]: 335-346.

Smith, J. L. B. (1958): Tetraodont fishes from South and East Africa. Ann. Mag. Nat. Hist. (Ser. 13) v. 1 (no. 2): 156-160, Pl. 2

Smith, J.L.B. (1961): The Sea Fishes of Southern Africa, South Africa

Schmitt, B. (2000): Die Zucht des Kammkugelfisches, Carinotetraodon lorteti. Aquaristik Fachmagazin 32 (=4 n.F.) (154): 14-15

Seegers, L. (1999): Der Jadesee. Die Nicht-Cichliden des Lake Turkana in Kenia. Aquarium heute 18 (1).

Sontirat, S. (1989): Four new species of freshwater fishes from Thailand. Kasetsart J. Nat. Sci. v. 23 (no. 1): 98-109.

Sterba, G. (1959): Süßwasserfische aus aller Welt. Bd 1, Leipzig

Sterba, G. (1978): Enzyklopädie der Aquaristik und speziellen Ichthyologie, Melsungen

Sterba, G. (1990): Süßwasserfische der Welt, Leipzig

Talwar, P. K., & A. G. **Jhingran** (1991): Inland fishes of India and adjacent countries. In 2 vols. Oxford & IBH Publishing Co., New Delhi, Bombay, Calcutta. v. 1-2: i-xvii + 36 unnumbered + 1-1158, 1 map.

Tan, H. H. (1999): A new species of Carinotetraodon from Sumatra and Borneo and validity of C. borneensis (Teleostei: Tetraodontidae). Ichthyol. Explor. Freshwaters v. 10 (no. 4): 345-354.

Tyler, J. C. (1964): A diagnosis of the two species of South American puffer fishes (Tetraodontidae, Plectognathi) of the genus *Colomesus.* Proc. Acad. Nat. Sci. Philad. 116 (3): 119-148.

Tyler, J.C. (1976): Der Rotaugenkammkugelfisch , Carino tetraodon lorteti, aus Südostasien DATZ 29 (4):118-121

Vogt, D. (1981): Brackwasser-schön, aber schwierig. DATZ 34 (5): 184-186

Vogt, H.H. (1968): Anfängerfische für Umsteiger. Wer von „Süß" auf „Salzig" umsteigt, sollte mit Brackwasser beginnen. Aquarien-Magazin 2 (10): 434-435

Vogt, H.H. (1971): Mit Vorsicht zu genießen. Giftige Kugelfische - eine Delikatesse. Aquarien-Magazin 5 (3):130-131

Wachtel, H. (1960): Tetraodon schoudeteni der Kongokugelfisch. DATZ 13 (9): 266-268

Wachtel, H. (1960): Sphoeroides oblongus, ein neuer interessanter Kugelfisch. DATZ 13 (10): 301-303
Walls, J. G. (1975): Fishes of the southern gulf of Mexico, New York
Weiss, W. (1979): Das Brackwasseraquarium. Aquarien-Magazin 13 (10): 440-443
Weiss, W. (1984): Der Schrecken der Schnecken. Tetraodon palembangensis, der Maigrüne oder Palembangkugelfisch. Aquarien-Magazin 18 (3): 123-125
Weiss, W. (1987): Süßwasserkugelfische - Es muß nicht immer salzig sein. Aquarien-Magazin 21 (2): 72-75
Wheeler, A. (1977): Das große Buch der Fische, Stuttgart
Zukal, R. & M. **Podkoni** (1977): Brackwasserfische. Aquarien-Terrarien 24 (3): 100-101

Süßwasserkugelfische: eine aquaristische Übersicht
Freshwater puffers: an overview for aquarists

Süßwasserarten, die für ein Gesellschaftsaquarium geeignet sind:

Colomesus asellus: kleinbleibend, absolut verträglich, nicht flossenbissig, schwimmfreudig und ansprechend gefärbt.
Nachteil: etwas krankheitsanfällig
Alle *Carinotetraodon*-Arten: kleinbleibend, interessantes Verhalten, gegenüber anderen Fischen gut verträglich, untereinander etwas zänkisch, hübsche Färbung.
Nachteil: oft Flossenbeißer.
Tetraodon schoudeteni: nicht allzu groß werdend, gegenüber anderen Fischen gut, untereinander weniger gut verträglich.

Süßwasserarten, die für ein Artbecken geeignet sind:

Tetraodon suvattii: außergewöhnliche, untereinander relativ verträgliche Art, die ein interessantes Verhalten zeigt.
Tetraodon mbu: schönste aber sehr groß werdende Art.

Brackwasserarten, die für ein Gesellschaftsaquarium geeignet sind:

Tetraodon biocellatus: kleinbleibend, verträglich und friedfertig, bewegungsfreudig und auffallend schön gefärbt.
Nachteil: gelegentlich Flossenbeißer
Tetraodon nigroviridis: nicht allzugroß werdend, relativ verträglich, schwimmfreudig und hübsch gefärbt.
Nachteil: gelegentlich Flossenbeißer, gelegentlich unverträglich gegenüber Kugelfischen der eigenen und anderer Arten.

Kugelfische, die möglicherweise in den nächsten Jahren importiert werden:
Süßwasserarten:

Carinotetraodon salivator: in langsam fließenden Gewässern Sarawaks lebend und ca. 4 cm groß werdend.
Tetraodon abei: aus dem Stromgebiet des Mekong, ca. 10 cm groß werdend.
Tetraodon baileyi: aus Stromschnellen des Mekong, ca. 12 cm groß werdend.
Tetraodon cambodgiensis: aus dem Mekongstromgebiet.
Tetraodon kretamensis: aus Nordborneo, ca. 4,5 cm groß werdend.
Tetraodon leiurus: aus dem Mekong und Gewässern Indochinas und Indonesiens, ca. 16 cm groß werdend.
Tetraodon sabahensis: aus Indonesien, ca. 11 cm groß werdend.
Tetraodon waandersii: von der Insel Banka, ca. 3,5 cm groß werdend (bislang nur nach dem Typusexemplar bekannt).
Auriglobus amabilis, A. remotus und *A. nefastus*: alle in Indonesien vorkommend und ca. 7 cm groß werdend.

Freshwater species, suitable for community tanks:

Colomesus asellus: *a small species, absolutely peaceful, does not nibble on other fish´s fins, always active, and nice coloured.*
Disadvantage: tends to get Oodinium (Piscinoodinium).
All Carinotetraodon: *stay small, interesting behaviour, peaceful against tankmates (sometimes with the exception of congeneres), pretty coloration.*
Disadvantage: often fin-biters.
Tetraodon schoudeteni: *does not grow too big, peaceful against other species.*
Disadvantage: sometimes intraspecidic aggressive.

Freshwater species for a single species-tank

Tetraodon suvattii: *unusual species, quite peaceful among each other, showing an interesting behaviour.*
Tetraodon mbu: *most beautiful species, but reaches a very big size.*

Species of brackish water, suitable for a community tank:

Tetraodon biocellatus: *stays small, peaceful, always active, wonderful coloration.*
Disadvantage: sometimes a fin-biter.
Tetraodon nigroviridis: *does not grow too big, quite peaceful, active, and nice coloured.*
Disadvantage: sometimes a fin-biter, also sometimes aggressive against other puffers.

Puffers that might be imported within the next few years:
Freshwater species:

Carinotetraodon salivator: *lives in slow runnig brooks on Sarawak, reaches about 4 cm total length.*
Tetraodon abei: *from the Mekong, reaches about 10 cm.*
Tetraodon baileyi: *from rapids of the Mekong, reaches about 12 cm.*
Tetraodon cambodgiensis: *also from the Mekong, reaches about 15 cm.*
Tetraodon kretamensis: *from northern Borneo, maximum size reported: 4,5 cm.*
Tetraodon leiurus: *from the Mekong,from Indochina and Indonesia, reaching ca. 16 cm.*
Tetraodon sabahensis: *from Indonesia, reaching 11 cm.*
Tetraodon waandersii: *from Bangka, known from a single 3,5 cm specimen only.*
Auriglobus amabilis, A. remotus, *and* A. nefastus: *all from Indonesia and reaching ca. 7 cm.*

Brackwasserarten:

Tetraodon erythrotaenia: aus Indonesien und Papua-Neuguinea, ca. 8,5 cm groß werdend.

Tetraodon pustulatus: aus Westafrika (Küste und Flüsse Nigerias und Kameruns), ca. 36 cm groß werdend. (Es ist möglich, dass diese Art nur im Cross River vorkommt, und dass Meldungen der Art aus dem Brackwasser auf Verwechslungen mit anderen Arten beruhen.)

Chonerhinos naritus: aus Indonesien, Indochina und Myanmar, ca. 28 cm groß werdend.

Species from brackish water:

Tetraodon erythrotaenia: from Indonesia and Papua-Newguinea, growing up to about 8,5 cm.

Tetraodon pustulatus: from West Africa (rivers and coastal areas of Nigeria and Cameroon), creaching ca. 36 cm. (It is possible that this species is restricted to the Cross river and lives in pure fresh water only. Reports of brackish water might cause on confusion with other species).

Chonerhinos naritus: from Indonesia, Indochina and Myanmar, reaching ca. 28 cm.

Die wichtigsten Synonyme
The most important synonyms

1. Gattungen / genera

Synonym . . . . .hier / here

Batrachops BIBRON in DUMÉRIL, 1855 . . . .*Colomesus* GILL, 1884
Boesemanichthys ABE, 1952 . . . .*Arothron* MÜLLER, 1841
Cheilichthys MÜLLER,1841 . . . .*Sphoeroides* ANONYMOUS [LACEPÈDE], 1798
Chelonodontops SMITH, 1958 . . . .*Chelonodon* MÜLLER, 1841
Chonerhinos . . . .*Auriglobus* KOTTELAT,1999
Crayracion BLEEKER (ex KLEIN), 1865 . . . .*Sphoeroides* ANONYMOUS [LACEPÈDE], 1798
Dichotomycter TROSCHEL (ex BIBRON), 1856 . . . .*Tetraodon* LINNAEUS, 1758
Dilobomycter TROSCHEL (ex BIBRON), 1856 . . . .*Arothron* MÜLLER, 1841
Fugu ABE ,1952 . . . .*Takifugu* ABE, 1949
Hemiconiatus GÜNTHER, 1870 . . . .*Ephippion* BIBRON, 1855
Monotretus TROSCHEL (ex BIBRON), 1856 . . . .*Tetraodon* LINNAEUS, 1758
Tetrodon . . . .*Tetraodon* LINNAEUS, 1758
Torafugu ABE,1950 . . . .*Takifugu* ABE, 1949
Xenopterus TROSCHEL (ex BIBRON), 1856 . . . .*Chonerhinos* BLEEKER, 1854

2. Arten / species

Synonym . . . . .hier / here

aerostaticus, Tetraodon JENYNS ,1842 . . . .*Arothron stellatus* (BLOCH & SCHNEIDER, 1801)
africanus, Chonerhinus BOULENGER, 1909 . . . .*Auriglobus modestus* (BLEEKER, 1851)
amabilis, Chonerhinos ROBERTS, 1982 . . . .*Auriglobus amabilis* (ROBERTS, 1982)
ammocryptus, Tetraodon GOSSE, 1851 . . . .*Sphaeroides testudineus* (LINNAEUS, 1758)
annulatus, Tetraodon JENYNS, 1842 . . . .*Sphaeroides annulatus* (JENYNS, 1842)
asellus, Chelichthys MÜLLER & TROSCHEL, 1848 . . . .*Colomesus asellus* (MÜLLER & TROSCHEL, 1848)
asper, Diodon CUVIER ,1818 . . . .*Arothron stellatus* (BLOCH & SCHNEIDER, 1801)
barbatus, Tetraodon ROBERTS, 1998 . . . .*Tetraodon cambodgiensis* CHABANAUD, 1923
bellangerii, Xénoptère BIBRON in DUMÉRIL ,1855 . . . .*Chonerhinos naritus* (RICHARDSON, 1848)
bergii, Tetrodon POPTA, 1905 . . . .*Tetraodon leiurus* BLEEKER 1851
borneensis, Tetrodon REGAN, 1903 . . . .*Carinotetraodon borneensis* (REGAN ,1903)
brevirostris, Tetraodon leiurus BENL, 1957 . . . .*Tetraodon cochinchinensis* (STEINDACHNER ,1866)
caria, Tetrodon HAMILTON, 1822 . . . .*Tetraodon cutcutia* HAMILTON, 1822
chlupatyi, Carinotetraodon BENL ,1957 . . . .*Carinotetraodon lorteti* (TIRANT, 1885)
cochinchinensis, Crayacion STEINDACHNER, 1866 . . . .*Tetraodon cochinchinensis* (STEINDACHNER, 1866)
compressus, Tetrodon MARION DE PROCÉ ,1822 . . . .*Canthigaster compressa* (MARION DE PROCÉ, 1822)
darwinii, Tetrodon CASTELNAU, 1873 . . . .*Marilyna darwinii* (CASTELNAU, 1873)
dorsovittatus, Arothron BLYTH, 1860 . . . .*Tetraodon fluviatilis* HAMILTON, 1822
fahaka, Tetraodon HASSELQUIST, 1762 . . . .*Tetraodon lineatus* LINNAEUS, 1758
fangi, Tetrodon (Leiodon) var. PELLEGRIN & CHEVEY ,1940 . . . .*Tetraodon cochinchinensis* (STEINDACHNER, 1866)
fasciatus, Tetrodon BLOCH & SCHNEIDER, 1801 . . . .*Colomesus psittacus* (BLOCH & SCHNEIDER, 1801)
fasciatus, Tetrodon MACLEAY, 1878 . . . .*Marilyna darwinii* (CASTELNAU, 1873)
glaber, Tetrodon FRÉMINVILLE, 1813 . . . .*Tetractenos glaber* (FRÉMINVILLE, 1813)
gularis, Tetrodon HAMILTON, 1822 . . . .*Tetraodon cutcutia* HAMILTON, 1822
guttifer, Tetrodon BENNETT, 1831 . . . .*Ephippion guttifer* (BENNETT, 1831)
hamiltoni, Tetrodon RICHARDSON, 1846 . . . .*Tetractenos hamiltoni* (RICHARDSON, 1846)
hispidus, Tetraodon LINNAEUS, 1758 . . . .*Arothron hispidus* (LINNAEUS, 1758)
honckenii, Tetrodon BLOCH, 1785 . . . .*Amblyrhynchotes honckenii* (BLOCH, 1785)
hypselogeneion, Tetraodon BLEEKER, 1852 . . . .*Torquigener hypselogeneion* (BLEEKER, 1852)
immaculatus, Tetrodon BLOCH & SCHNEIDER (ex LACEPÈDE), 1801 . . . .*Arothron immaculatus* (BLOCH & SCHNEIDER, 1801)
insignitus, Tetrodon RICHARDSON, 1848 . . . .*Canthigaster compressa* (MARION DE PROCÉ, 1822)

Bestimmungsschlüssel
Determination keys

Schlüssel zur Tetraodon-leiurus-Gruppe

1. Schnauze verhältnismäßig kurz (Augendurchmesser maximal 1,5x in der Schnauzenlänge enthalten); Rücken macht in Ruhestellung einen „Buckel" 2
 - Schnauze verhältnismäßig lang (Augendurchmesser etwa 2 x oder mehr in der Schnauzenlänge enthalten); kein „Buckel" in Ruhestellung 3

Key to the Tetraodon leiurus group

1. Snout relatively short (eye diameter contained maximum 1.5 times in snout length; when the fish rests, usually a hump is clearly remarkable on the back 2
- Snout relatively long (eye diameter contained 2 or more times in snout length); no hump on the back 3

2. Körper mit einem deutlichen Augenflecken (Ocellus) auf der Seite, der immer größer als die übrigen Körperflecken ist; Körperflecken meist von unregelmäßiger Form ....
....*Tetraodon cochinchinensis*
- Falls Ocellus am Körper, dann ist er nicht größer als die übrigen Körperflecken; Körperflecken kreisrund, der ganze Körper mehr oder weniger gleichmäßig gefleckt ....*T. turgidus*
- Kein Ocellus; Rücken nicht gefleckt, sondern mit einer unregelmäßigen Zeichnung ....*T. hilgendorfii*

3. Bauch ungefleckt .... *T. cambodgiensis*
- Bauch gefleckt ....*T. leiurus*

Anmerkung: Die Systematik der T.-leiurus-Gruppe ist kompliziert und wird von wissenschaftlicher Seite kontrovers diskutiert. Wir haben uns in der Namensgebung den Vorschlägen von Maurice KOTTELAT (2000) angeschlossen. Der oben gegebene Schlüssel ist zur Bestimmung des lebenden Tieres ohne Kenntnis der Herkunft gedacht. Es ist nicht zu vermeiden, dass aufgrund der Variabilität innerhalb dieser Kugelfischgruppe dieser Schlüssel nicht auf alle Individuen anwendbar ist.

Carinotetraodon (nach TAN, 1999)

Nach Flossenstrahlen:

	Rückenfl.	Brustfl.	Afterfl.	Schwanzfl.
C. lorteti	12-13	14	11-12	11
C. borneensis	12-13	16	11-13	12
C. salivator	11	16	10-11	11
C. irrubesco	10-12	15-16	9-10	11

Augenerhebung über den Kopf nur bei *C. irrubesco.*

Färbung der Männchen (lebend):
Rückenflosse:

C. lorteti	*C. borneensis*	*C. salivator*	*C. irrubesco*
rötlich	orange	durchsichtig	rötlich

Schwarzer Fleck an der Basis der Rückenflosse:

C. lorteti	*C. borneensis*	*C. salivator*	*C. irrubesco*
vorhanden	vorhanden	vorhanden	fehlt

Farbe der Basis der Brustflosse:

C. lorteti	*C. borneensis*	*C. salivator*	*C. irrubesco*
durchsichtig	schwarzer Streifen	durchsichtig	durchsichtig

Farbe der Afterflosse:

C. lorteti	*C. borneensis*	*C. salivator*	*C. irrubesco*
rötlich	durchsichtig mit schwarzem Rand	durchsichtig	rötlich mit undeutlichem schwarzen Rand

Schwarzer Fleck an der Basis der Afterflosse:

C. lorteti	*C. borneensis*	*C. salivator*	*C. irrubesco*
vorhanden	fehlt	fehlt	fehlt

Halszeichnung:

C. lorteti	*C. borneensis*	*C. salivator*	*C. irrubesco*
einfarbig	einfarbig	Streifenzeichnung	einfarbig

Körperstreifenzeichnng:

C. lorteti	*C. borneensis*	*C. salivator*	*C. irrubesco*
fehlt	fehlt	vorhanden	fehlt

Färbung der Schwanzflosse:
C. lorteti: körpernahe Hälfte grau,-körperferne Hälfte schwarz mit weißem Rand; *C. borneensis:* körpernahe Zweidrittel grau, körpernahe Drittel schwarz mit weißem Rand; *C. salivator:* rötlich; *C. irrubesco:* rötlich

Färbung der Weibchen:
Bauchzeichnung:
C. lorteti: einfarbig oder mit undeutlichen Flecken
C. salivator: durchgehende schwarze Streifen
C. irrubesco: unterbrochene schwarze Streifen

Schwanzflossenstreifen:	*C. lorteti*	*C. salivator*	*C. irrubesco*
	4-5	7-8	5-7

Für *C. borneensis* liegen keine Angaben vor.

Unterscheidung von *Carinotetraodon imitator* und *C. travancoricus* (nach BRITZ und KOTTELAT, 1999)

Körperbestachelung: *C. imitator* ist im Gegensatz zu *C. travancoricus* nur mit wenigen schlanken spitzen Stacheln ausgerüstet.

---

2. *Body with a distinct ocellus (eye-spot) on the side, always larger than other spots on body; spots on body irregular in form ....*
....*Tetraodon cochinchinensis*
- *If present, ocellus on body not larger than other spots on body; spots on body circular, the entire body more or less uniformly spotted ....*
....*T. turgidus*
- *No ocellus; dorsum not spotted, but with an irregular pattern ....*
....*T. hilgendorfii*

3. *Belly not spotted ....T. cambodgiensis*
- *Belly spotted ....T. leiurus*

Note: The systematics of the T. leiurus group are complex and the subject of scientific controversy. The nomenclature suggested by Maurice KOTTELAT (2000) is followed here. The key provided above is intended for the identification of live specimens whose origin is unknown. However, because of the variability within this group of puffers, inevitably the key may prove of no use in the case of some individuals.

Carinotetraodon (after TAN, 1999)

On the basis of fin rays:	Dorsal	Pectoral	Anal	Caudal
C. lorteti	12-13	14	11-12	11
C. borneensis	12-13	16	11-13	12
C. salivator	11	16	10-11	11
C. irrubesco	10-12	15-16	9-10	11

The eyes protrude above the upper head profile only in C. irrubesco.
Coloration of males (in life)
Dorsal fin:

C. lorteti	C. borneensis	C. salivator	C. irrubesco
reddish	*orange*	*clear*	*reddish*

Black spot at base of dorsal:

C. lorteti	C. borneensis	C. salivator	C. irrubesco
present	*present*	*present*	*absent*

Colour of pectoral fin base:

C. lorteti	C. borneensis	C. salivator	C. irrubesco
clear b	*lack-striped*	*clear*	*clear*

Colour of anal fin:

C. lorteti	C. borneensis	C. salivator	C. irrubesco
reddish	*clear with black edging*	*clear*	*reddish with indistinct black edging*

Black spot at base of anal fin:

C. lorteti	C. borneensis	C. salivator	C. irrubesco
present	*absent*	*absent*	*absent*

Throat pattern:

C. lorteti	C. borneensis	C. salivator	C. irrubesco
monochrome	*monochrome*	*stripes*	*monochrome*

Body stripe pattern:

C. lorteti	C. borneensis	C. salivator	C. irrubesco
absent	*absent*	*present*	*absent*

Colour of caudal fin:
C. lorteti: *proximal half grey, distal half black with a white edge.*
C. borneensis: *Proximal two thirds grey, distal third black with a white edge.*
C. salivator: *reddish*
C. irrubesco: *reddish*

Coloration of females:
Belly pattern:
C. lorteti: *monochrome or with indistinct spotting*
C. salivator: *continuous black stripes*
C. irrubesco: *interrupted black stripes*
Caudal fin bars:

C. lorteti	C. salivator	C. irrubesco
4-5	*7-8*	*5-7*

No data available for C. borneensis *females.*

Differentiation of **Carinotetraodon imitator** and **C. travancoricus** (after BRITZ and KOTTELAT, 1999)

Body spines: by contrast with C. travancoricus, C. imitator *has only a few slender, pointed, spines.*

Körperzeichnung: im Gegensatz zur großfleckigen kontrastreichen Zeichnung beider Geschlechter bei *C. travancoricus* zeigt *C. imitator* als Männchen eine blasse Fleckenzeichnung und als Weibchen eine Zeichnung , die durch eine Vielzahl kleinerer schwarzer Punkte, die zwischen größeren Flecken eingestreut sind, gekennzeichnet ist.
Kielbildung: Drohende Männchen zeigen bei *C. imitator* einen deutlich aufrichtbaren Rücken- und Bauchkamm

Auriglobus-Arten (nach ROBERTS, 1981)

Strahlen der	Rückenflossen	Afterflossen	Brustflossen
A. amabilis	24-27	20-21	14-16
A. modestus	25-28	20-22	14-17
A. nefastus	23-27	19-22	13-16
A. remotus	22-26	18-21	14-16
A. silus	23-28	18-22	14-17

A. amabilis: Färbung: zitronengrüner Rücken mit einem rundlichen dunklen Fleck in der Mitte des Schwanzstieles und einer großen dunklen Zeichnung an der Oberseite des Kopfes, die sich bis zur Oberlippe erstreckt. Der Rücken zeigt eine dunkle Zeichnung, die sich an der Basis der Rückenflosse verbreitet. Typisch ist das größte Nasalorgan dieser Gattung.
Die Bauchbestachelung ist relativ gering und nach hinten gerichtet.
A. modestus: einheitlich gefärbt (Nachtfärbung - zum Zeitpunkt des Fanges-: blassblau am Rücken mit weißem Bauch und Flanken und rötlichen Augen). Starke eng stehende zum Rücken gerichtete Bestachelung. Nasalorgan durchschnittlich groß.
A. nefastus: Färbung: einheitlich blassgrün oder gelbgrün mit hellen Flanken (außer einem leicht dunklen Fleck an der Kopfoberfäche hinter den Augen). Charakteristisch ist das Überragen der Oberlippe über die Unterlippe. Das Nasalorgan ist relativ klein. Im Gegensatz zu den anderen Mitgliedern der Gattung (außer *A. amabilis*) besteht eine bauchwärts gerichtete Bestachelung.
A. remotus: *A. silus* sehr ähnlich, hat jedoch einen schmaleren Schwanzstiel., weniger Rücken- und Afterflossenstrahlen und eine schrägere Schnauze. Die Stacheln sind groß und dicht angeordnet und zum Rücken und nach hinten gerichtet.
Färbung: einheitlich, außer einem dunklen Fleck am Kopf hinter den Augen.
A. silus: Schräge Schnauze mit gleichlangen etwas nach vorn stehenden Lippen. Stacheln zum Rücken und nach hinten gerichtet. Schwanzstiel relativ schmal. Färbung einheitlich ohne Fleckenzeichnung.

Unterscheidung von *Auriglobus*-Arten (Süßwasserkugelfische) und *Chonerhinos naritus* (Brackwasserkugelfisch) (nach BENL, 1956)

Chonerhinos hat eine deutlich höhere Zahl an Flossenstrahlen

Strahlen der	Rücken- und	Afterflosse
Chonerhinos naritus	35-36	28-29
Auriglobus-Arten	22-28	18-22

Im Gegensatz zu der weißen Bauchfärbung der *Auriglobus*-Arten ist dieser Bereich bei *Chonerhinos naritus* gelb gefärbt.

Die Tetraodon-fluviatilis-Gruppe (nach DEKKERS, 1975)

Die Grundfarbe ist bei allen Arten gelbgrün, die Zeichnug dunkelgrau bis schwarz
Tetraodon fluviatilis zeigt eine breite Querbänderung des Rückens
Tetraodon nigroviridis zeigt eine annähernd regelmäßige Fleckung des Rückens und eine Aufhellung der Grundfärbung (maigrün) im vorderen Bereich.
Tetraodon kretamensis zeigt eine unregelmäßige Fleckung des Rückens und gelegentlich eine Bänderung die zwischen den Augen und entlang der Flanken vom Auge bis zum Schwanzflossenansatz verläuft.
Tetraodon sabahensis zeigt eine unregelmäßige Bänder- und Fleckenzeichnung des Rückens und eine Bänderung der Schwanzflosse.

Flossenstrahlen der	Rücken- und	Afterflosse
Tetraodon fluviatilis	13-16	11-14
Tetraodon nigroviridis	12-14	10-12
Tetraodon kretamensis	11-13	10
Tetraodon sabahensis	13-15	11-12

Body markings: by contrast with the contrast-rich pattern of large spots in both sexes of C. travancoricus, C. imitator *males have a pattern of pale spots and females a pattern characterised by numerous small black dots scattered between larger spots.*
Ridge formation: *threatening males of* C. imitator *exhibit distinct, erectile, dorsal and ventral "ridges".*

Auriglobus species (after ROBERTS, 1981)

Fin rays:	Dorsal	Anal	Pectorals
A. amabilis	24-27	20-21	14-16
A. modestus	25-28	20-22	14-17
A. nefastus	23-27	19-22	13-16
A. remotus	22-26	18-21	14-16
A. silus	23-28	18-22	14-17

A. amabilis: *coloration is lemon-green dorsally with a roundish dark spot on the centre of the caudal peduncle and a large dark marking on the upper side of the head, extending to the upper lip. There is a dark marking on the back, extending onto the base of the dorsal fin. The large nasal organ is typical of the genus. The belly spines are few and backward-pointing.*
A. modestus: *coloration monochrome (nocturnal coloration - at the time of capture - pale blue dorsally with a whitish belly and flanks and red eyes). The spines are close-packed and upward-pointing. Nasal organ average in size.*
A. nefastus: *coloration uniform pale green or yellow-green with light flanks (apart from a slightly darker spot on the upper surface of the head, posterior to the eyes. The protrusion of the upper lip over the lower is characteristic. The nasal organ is relatively small. In contrast to other members of the genus (apart from* A. amabilis*), the spines are downward-pointing.*
A. remotus: *very similar to A. silus, but has a more slender caudal peduncle, fewer dorsal and anal rays, and a more slanting snout. The spines are large and close-packed, pointing upwards and backwards. Coloration uniform, apart from a dark spot on the head posterior to the eyes.*
A. silus: *snout slanting, lips equal and rather forward-protruding. Spines point upwards and backwards. Caudal peduncle relatively slender. Coloration uniform, with no pattern of spots.*

Differentiation of *Auriglobus* species (freshwater puffers) and Chonerhinos naritus *(a brackish-water puffer) (after BENL, 1956)*

Chonerhinos has an appreciably higher number of fin rays.

Fin rays:	Dorsal	Anal
Chonerhinos naritus	35-36	28-29
Auriglobus species	22-28	18-22

While Auriglobus *species have a white belly, by contrast in* Chonerhinos naritus *this area is yellow..*

The *Tetraodon fluviatilis* group (after DEKKERS, 1975)

In all species the base colour is yellow-green, and the pattern dark grey to black.
Tetraodon fluviatilis *exhibits a pattern or broad vertical stripes on the back.*
Tetraodon nigroviridis *exhibits almost regular spotting on the back and a lightening of the base colour on the anterior part.*
Tetraodon kretamensis *exhibits irregular spotting on the back, and occasionally striping between the eyes and extending along the flanks from the eye to the base of the caudal fin.*
Tetraodon sabahensis *exhibits an irregular pattern of spots and stripes on the back and striping of the caudal fin.*

Fin rays:	Dorsal	Anal
Tetraodon fluviatilis	13-16	11-14
Tetraodon nigroviridis	12-14	10-12
Tetraodon kretamensis	11-13	10
Tetraodon sabahensis	13-15	11-12

Symbols

Considering the great variety of languages wordwide, we have intentionally decided against detailed textual descriptions, replacing them by international symbols. This way, one can easily obtain the most important facts about the species and its care.

These care symbols always relate to the conditions in the aquarium, not the ones of the country of origin or biotopes.

continent of origin

simply check the letter in front of the code number

A = Africa   **E** = Europe   **N** = North America
S = Latin America   **X** = Asia + Australia

age

the last figure of the code always stands for the age of the fish

1 = very small (fry/small juvenile)
2 = small (juvenile/saleable size)
3 = medium (sub-adult/good saleable size)
4 = large (adult/breeding size)
5 = extra large (fully-grown adult)
6 = exceptionally large (show specimen)

origin

W = wild-caught   **B** = tank-bred
Z = cultivated form ("man-made" variety)
X = hybrid form

size

... cm = approximate size these fish can reach as adults

sex

♂ male   **♀** female   **♂♀** pair

temperature

◁ 18–22°C (64–72°F) (room temperature)
▷ 22–25°C (72–77°F) (many tropical fish)
△ 24–29°C (75–85°F) (Discus etc.)
▽ 10–22°C (50–72°F) (cold/temperate; e.g. North America/Europe)

pH-value

₽ pH 6,5–7,2 no special requirement (neutral)
⬇P pH 5,8–6,5 prefers soft, lightly acidic water
⬆P pH 7,5–8,5 prefers hard, alkaline water

lighting

○ bright, plenty of light / sun
◑ not too bright
◕ very dim

food

☺ omnivorous: dry food, no special requirements
☻ special diet: live food, frozen food
☹ piscivore: feeds on (live) fish
◉ herbivore: requires vegetable food

swimming level

⊕ mid-water/all levels
⬆ upper layer/surface dweller
⬇ lower level/bottom dweller

aquarium decor

▣ just rocks and substrate
▣ rocks and wood, caves
▣ planted aquarium + rocks and wood

behaviour/reproduction

♥ keep a pair or a trio
🐟 shoaling fish, do not keep less than 10
🐟 egglayer
🐟 livebearer/viviparous
🐟 mouthbrooder
🐟 cave brooder
🐟 bubblenest builder
◉ algae eater /glass cleaner (bogwood + green food)
◈ non-aggressive fish, easy to keep (mixed aquarium)
⚠ difficult to keep, read specialist literature beforehand
🛑 warning, extremely difficult, for experienced specialists only
θ the eggs need a special care
§ protected species, (WA), special license required ("CITES")
~L~ amphibic (needs land part)
<Bw> brackish water (water + additive salt)
~Sw~ marine (lives in the sea)
<~Sw~ juvenil in the sea (later as well in brackish water or fresh water)
~Sw~> juvenil in fresh water (later as well in the sea)
<~Sw~> as well in the sea and in fresh water (changes!)

minimum tank		length	capacity
⊞ss	super-small	20–40 cm	5–20 l
⊞s	small	40–80 cm	40–80 l
⊞m	medium	60–100 cm	80–200 l
⊞L	large	100–200 cm	200–400 l
⊞XL	XL	200–400 cm	400–3 000 l
⊞XXL	XXL	over 400 cm	over 3 000 l
			(display aquarium)

inches

centimetres

Symbole

Um der weltweiten Sprachenvielfalt gerecht zu werden, haben wir bewußt auf ausführlichere Texte verzichtet und ersetzen diese durch leicht einprägsame internationale Symbole, mit deren Hilfe jeder die Eigenschaften und Pflegebedingungen der Fische erkennen kann.

Die angegebenen Pflegesymbole beziehen sich auf die Haltungsbedingungen im Aquarium, nicht auf die Werte im Herkunftsland oder Biotop.

Ursprung

ersehen Sie ganz leicht an dem Buchstaben vor der Code-Nummer

A = Afrika   **E** = Europa   **N** = Nordamerika
S = Lateinamerika   **X** = Asien + Australien

Alter

die letzte Zahl der Code-Nummer steht immer für das Alter des fotografierten Fisches:

1 = small (Baby / Jugendfärbung)
2 = medium (Jungfisch/juvenil/Verkaufsgröße)
3 = large (halbwüchsig/gute Verkaufsgröße)
4 = XL (ausgewachsen/adult)
5 = XXL (Zucht-Tier/breeder)
6 = show (Schau-Tier/show-fish)

Herkunft

W = Wild-Form   **B** = Nachzucht/bred
Z = Zucht-Form/breeding-form
X = Kreuzungs-Form/cross-bred

Größe

... cm = ungefähre Größe, die dieser Fisch ausgewachsen (adult) erreichen kann.

Geschlecht

♂ männlich   ♀ weiblich   ♂♀ Paar

Temperatur

◁ 18–22°C (64–72°F) (Zimmertemperatur)
▷ 22–25°C (72–77°F) (tropische Fische)
△ 24–29°C (75–85°F) (Discus etc.)
▽ 10–22°C (50–72°F) kalt (Nordamerika/Europa)

pH-Wert

℞ pH 6,5–7,2 keine besonderen Ansprüche (neutral)
℞ pH 5,8–6,5 liebt weiches und leicht saures Wasser
℞ pH 7,5–8,5 liebt hartes und alkalisches Wasser

Beleuchtung

○ hell, viel Licht / Sonne
◑ nicht zu hell
◕ fast dunkel

Futter:

☺ Allesfresser, Trockenfutter, keine besonderen Ansprüche
☺ Futter-Spezialist, Lebendfutter, Gefrierfutter
☹ Fisch-Räuber, Futterfische füttern
☺ Pflanzenfresser, Pflanzenkost zufüttern

Schwimmverhalten

⊞ keine besonderen Eigenschaften
⬆ im oberen Bereich/Oberflächen-Fisch
⬇ im unteren Bereich/Boden-Fisch

Aquarium-Einrichtung

▱ nur Bodengrund und Steine etc.
▱ Steine/Wurzeln/Höhlen
▱ Pflanzen-Aquarium + Steine/Wurzeln

Verhalten/Vermehrung

♥ Paarweise oder im Trio halten
🐟 Schwarmfisch, nicht unter 10 Exemplaren halten
🐟 Eierleger
🐟 Lebendgebärer
🐟 Maulbrüter
🐠 Höhlenbrüter
🐸 Schaumnestbauer
◍ Algenvertilger/Scheibenputzer (Wurzeln+Spinat)
◈ leichte Pflege (für entsprechende Gesellschaftsbecken)
⚠ schwierig zu halten, vorher Fachliteratur beachten
🛑 Vorsicht, extrem schwierig, nur für erfahrene Spezialisten
❶ die Eier benötigen eine spezielle Behandlung
§ geschützte Art, (WA), „CITES" Sondergenehmigung nötig
~L~ amphibisch (benötigt Landteil)
\<Bw\> Brackwasser (Wasser + Salzzusatz)
~Sw~ Meerwasser (ständig im Meer lebend)
\<~Sw~ juvenil im Meer (später auch im Brack- oder Süßwasser)
~Sw~\> juvenil im Süßwasser (später auch im Meer)
\<~Sw~\> sowohl im Meer als auch im Süßwasser (wechselt!)

Mindest-Becken		Länge	Inhalt
⊡	sehr klein / super small	20–40 cm	5–20 l
⊡	klein / small	40–80 cm	40–80 l
⊡	mittel / medium	60–100 cm	80–200 l
⊡	groß / large	100–200 cm	200–400 l
⊡	sehr groß / XL	200–400 cm	400–3 000 l
⊡	extrem groß / XXL	über 400 cm	über 3 000 l
			(Schauaquarien)

Inch

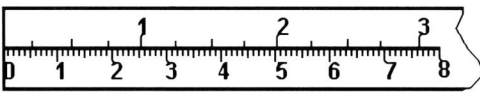

Zentimeter

Das große Tafelwerk

interaktiv 2.0

Formelsammlung
für Niedersachsen

Cornelsen

Inhalt

Mathematik